共生

4.0时代的人机关系

[美] 丹尼尔·纽曼（Daniel Newman）
[法] 奥利弗·布兰查德（Olivier Blanchard） | 著

杨薇 | 译

中国科学技术出版社
·北 京·

Human/Machine by Daniel Newman, Olivier Blanchard

©Daniel Newman, Olivier Blanchard, 2018

This translation of Human/Machine is published by arrangement with Kogan Page through BIG APPLE AGENCY, INC.

First published in Great Britain and the United States in 2019 by Kogan Page Limited

The Simplified Chinese translation copyright by China Science and Technology Press Co., Ltd. All rights reserved

北京市版权局著作权合同登记　图字：01-2022-0082

图书在版编目（CIP）数据

共生：4.0 时代的人机关系 /（美）丹尼尔·纽曼，（法）奥利弗·布兰查德著；杨薇译 .—北京：中国科学技术出版社，2022.7

书名原文：Human/Machine

ISBN 978-7-5046-9573-4

Ⅰ . ①共… Ⅱ . ①丹… ②奥… ③杨… Ⅲ . ①人工智能—应用—管理学—研究 Ⅳ . ① C93-39

中国版本图书馆 CIP 数据核字 (2022) 第 121736 号

策划编辑	申永刚　陆存月	责任编辑	孙倩倩
封面设计	创研社	版式设计	锋尚设计
责任校对	焦　宁	责任印制	李晓霖

出　　版	中国科学技术出版社
发　　行	中国科学技术出版社有限公司发行部
地　　址	北京市海淀区中关村南大街 16 号
邮　　编	100081
发行电话	010-62173865
传　　真	010-62173081
网　　址	http://www.cspbooks.com.cn

开　　本	880mm×1230mm　1/32
字　　数	181 千字
印　　张	7.25
版　　次	2022 年 7 月第 1 版
印　　次	2022 年 7 月第 1 次印刷
印　　刷	北京盛通印刷股份有限公司
书　　号	ISBN 978-7-5046-9573-4/C·204
定　　价	69.00 元

推荐语

● 作者丹尼尔·纽曼（Daniel Newman）和奥利弗·布兰查德（Olivier Blanchard）的社会与科技评述言简意赅，围绕人工智能（AI）和较大程度的机器自动化会对人们、企业和社会有何影响，对种种富有争议和令人生畏的观点进行了透彻的剖析。通过研究头部科技公司如何努力推出（或使用）人工智能产品，他们提出 AI 中的"A"其实并不是代表"合成"（synthetic）和"替代"（substitution）的首字母"S"，而是代表"辅助"（assistance）和"增强"（augmentation）的首字母"A"。我强烈建议你阅读这本书，书中进行的探讨既充满睿智而又不失风趣幽默，有助于你更好地展望即将到来的人工智能革命。

——高通公司全球行业分析总监
赫恩斯·皮埃尔－杰罗姆（Herns Pierre-Jerome）

● 随着人工智能在我们的日常生活中变得无处不在，丹尼尔·纽曼和奥利弗·布兰查德发挥了出色的洞察力并均衡考虑各种因素，对其中的机遇和风险进行了评估。尽管大家对于潜力和风险两方面的展望见仁见智，但是在转型的必要性上达成了共识，这一点在戴尔公司"实现2030年：人机合作新时代"的研究中有所体现。人工智能在增强人类潜力而非取代人类这条道路上有着光明的未来，并将由此缔造富有成效的人机合作关系。

——戴尔公司物联网与边缘计算首席技术官

杰森·谢泼德（Jason Shepherd）

● 丹尼尔·纽曼和奥利弗·布兰查德拥有丰富的经验、敏锐的洞察力和不凡的战略眼光，这三者的结合是他们的独到之处。本书将创新型组织中高层管理人员的实践经验与从通过缜密研究收集的深入行业洞察相结合，并且能够发现新的大趋势。在蓬勃发展的自动化和人工智能领域中，他们凭借自己的作品跻身意见领袖的第一梯队，影响着围绕这个新兴技术领域的叙述。

——国际商业机器（IBM）公司全球产品服务经理

史蒂文·迪肯斯（Steven Dickens）

● 在机器人流程自动化供应商桌面精灵（UiPath）中，我们正在努力实现这样一个目标：让烦琐耗时的工作实现自动化，从而可以使员工集中精力解决需要创造力和富于挑战性的问题。我们的动力来自我们平台的巨大潜力——这个平台有望成为利用人工智能和机器学习帮助客户转变数字业务运营的门户。我相信你会发现本书信息量很大且发人深省，也希望它能够激励读者花些时间来更好地捕捉并了解存在于其组织、客户和合作伙伴中的信息。

——机器人流程自动化供应商 UiPath 首席营销官
鲍比·帕特里克（Bobby Patrick）

• 人工智能、自动化及其对未来工作的影响已成为高科技行业最热门的话题之一。本书为我们提供了一个难能可贵的平衡视角，有助于我们了解人机合作对我们的工作和社会的影响。

——市场研究公司 Moor Insights & Strategy
总裁、全球知名行业分析师
帕特里克·摩尔海德（Patrick Moorhead）

致 谢

　　本书中分享的想法、案例、方法和前瞻性概念来自多年来我们与从业者的对话、我们在实践中的成功经验，以及我们每天与之合作并向其学习的组织完成的专业工作。我们向那些直接或间接为这部作品作出贡献的人致以最诚挚的谢意。

　　我们特别要感谢我们与之合作并向其借鉴了许多例子的出色公司，尤其是那些为我们撰写本书提供了素材的公司。排名不分先后：苹果公司、戴尔公司、思科公司、国际商业机器公司、高通公司、英特尔公司、微软公司、惠普公司、慧与公司（HPE）、三星公司、思爱普公司（SAP）、软件公司SAS、达索公司、脸书（Facebook）①、谷歌公司、亚马逊公司、机器人流程自动化供应商 Automation Anywhere 和机器人流程自动化供应商 UiPath。

　　我们还要感谢家人的陪伴，支持我们为这部作品付出的努力，并在我们因工作而远离他们时对我们更有耐心。没有他们，我们就无法完成这项工作。

---

① 脸书（Facebook），现已更名为元宇宙（Meta）。因原书出版时间早于脸书更名时间，故本书仍称其为脸书（Facebook）。——编者注

目　录

第一章

人机合作简史

从工具到增强手段再到合作：数百年时光的缩影

　　"机器会抢走我的工作吗？"当初正是这个问题激发了我们的灵感，让我们开始动笔撰写本书。关于未来，我们想到了这样两种图景：一方面，智能自动化和人工智能越来越有力地推动社会发展；另一方面，人类能够通过工作实现自我价值，能够追求自己的兴趣爱好和远大抱负，而且就算实现不了财务自由，至少也能经济无虞——这两种情形无法同时存在吗？机器会取代人类工作者吗？或者说得更直白一点，机器会淘汰人类吗？

　　这些问题并不容易回答，不过一项有力的证据表明：尽管无数文章危言耸听，宣称各种工作岗位终将迎来末日，但实际上劳动岗位被取代的风险远低于人们的想象。也就是说，面对人工智能和自动化技术的蓬勃发展，人们不必惶恐不安。事实上，正如我们将在接下来几章中描述的，人工智能和自动化技术其实可能会助人类工作者一臂之力，让他们能够大大提高生产力和工作质量、加快完成任务的速度、最大限度降低风险、收获更好的结果，也许还能以比今天更健康的方式实现工作和生活的平衡。然而，在畅想未来之前，我们先来花点时间回顾一下人类与机器进行合作的历史，以便更深刻地理解我们与机器之间的关系经历了怎样的发展历程。人机合作关系常常能创造更多机会、提高生活质量，还能催生科学技术的发展进步——得益于这方面的进步，某些疾病被攻克，人类平均寿命得以延长，任何人都能通过口袋大小的智能终端（如手机）将信息瞬间传送给地球上的几乎任何人。

　　在本书的这一部分中，我们不会讨论第一个车轮或是第一把锄头是如何发明出来的。在漫长的人类发展史中，无数创新形成了一根环环相扣的链条，一端是我们的灵长类祖先，它们捡起树枝从蚁穴中挖出了美味的白蚁；另一端则是今天的工程师，他们当中有人想出了让无人探测器在距离地球数百万千米的小行星上顺利着陆的方法。从火、木棍、车轮、锄头、弹弓、风车、印刷术、蒸汽机、内燃机、计算机、三维立体眼镜到登月行动，人类不断发明出新的巧妙方法来解决复杂的工程问题。有人致力于攻克医学难题，也有人专攻农业领域；有人整个职业生涯中都在努力设计最好的冲浪板，也有人穷尽一生心血来解决数学难题；有人倾毕生之力寻找挚爱之人所患疾病的治愈方法，也有人终其一生研究金融市场的投资之道。如果我们与来自地球上任意地方的某个人一起度过 30 分钟，我们就会了解到对方希望有人能够运用智慧、技能或工具来解决他们遇到的一系列难题。如果有人拥有那个人所需的资源却提供不了多少帮助，那么在大多数情况下，那个人很可能会主动提出亲自动手。

　　人类是一个善于解决问题的物种。解决问题这件事，我们一直都在做。我们之所以进化出对生拇指，不是因为我们需要悬挂在树枝上，而是因为我们需要精准操纵物体来解决我们在不理想的生存环境中遇到的种种问题。无论将一个人丢在世界上的什么地方，这个人都会建造容身之所、制作工具、挖掘水井等，最终按照自己的想法改造这个地方，让生存环境变得比自己初来乍到时更舒适、更安全、更高效。

　　人类作为一个物种，如果没有各种增强手段，就无法成功。

　　现在，请考虑一下木棍的实用性。细细的木棍可以用来从狭窄的岩缝中引出水源。粗一些的木棍可以用作棍棒，也可以用来为容身之所提供结构性支撑，或者用作基本的挖掘工具，或是用来构成灌溉系统、河船或杠杆等基础机械。木棍具有多种多样的用途，但是从本质上讲，它是人类使用者身体的延伸，是一种附加物，是一种手工工具，可以用来撬东西、挖东西、打破东西、碾碎东西、支撑东西，以及用于指挥等动作中。木棍无法帮助人类治愈脊髓灰质炎或是阻止极地冰盖的融化。在不同用途中，木棍只是工具而已。尽管人类的聪明才智永不枯竭，但是木棍有其局限性。同样，机器也有其局限性。机器可以协助灌溉农田、为装配工厂提供动力、为整个居民区发电、推动货运列车横穿大陆、驱动轮船远渡重洋、净化饮用水、生产药物、将棉花变成布料，等等。工具就是工具。工具是人类发明的，用来解决人类无法单凭自身力量解决的问题。人类能够让视野超越自身的局限性，并发明出能够克服这些局限性的方法。造就人类聪明才智的首要因素，是认识到这样一件事：人类作为一个物种，如果没有各种增强手段，就无法成功。

我们来看看木棍和机器之外的工具。鞋履也是工具。跑步鞋、攀岩鞋、徒步鞋、骑行鞋、足球鞋，以及各种其他类别的专用鞋履都是工具，都属于"增强手段"。智能手表、牛排切刀、双肩背包、笔记本电脑、蛋白质奶昔、钥匙链、电灯泡、汽车轮胎、牙刷、超细纤维衬衫等，每个物品都是工具，都属于"增强手段"。利用各种增强我们自身能力的手段，我们可以跑得更快、扔得更远，我们击球过网的力度比昨天更大，我们完成报告的速度稍微加快一点，我们的新投资能够产生比上一笔投资更高的投资回报率。即便是我们当中最没斗志的人，也不得不提升自身并改善周围的环境，哪怕只是想办法在减少工作量的同时实现同样的结果。即使不以改进结果为目标，人类也会想方设法提高办事效率。我们不会得过且过，而是不得不提升自身并改善我们的进化环境，以便过上更加简单方便的生活，让我们接触到的一切事物为我们所用。

住所也是如此。从穴居人类第一次用手绘图案和狩猎场景装饰岩壁的那一刻开始，人类一直在改善、提升以及按照自己的想法改造居住环境，这样做是为了让居住环境变得更加实用。人类住所中充满了各种增强手段。在比较先进的住所中，人们可以存放车辆、为车辆充电，可以工作、休息，可以通过虚拟方式探索世界、举行派对、进行术后康复、进行体育比赛备战训练、进行学术研究，或者可以通过机器和专门的工人满足我们的一切愿望和需求。无论我们住在偏僻、简陋的小屋里，还是住在利用了先进技术的超级智能住宅中，住所都彰显了人类将接触到的事物变成工具的需求，在某种程度上也属于一类增强手段。

眼下正在进行中的新一轮技术革命浪潮也不例外：人类不过是在寻找更有效、更聪明的方法来提升自身并改善自己所处的环境。目标不是取代人类工作者，而是打造能够帮助人类以更快、更好、更省力且成本更低的方式完成工作的全新工具。

智能自动化的新支点

新一轮技术进步的浪潮不同之处在于，这些技术能够分析和模仿人类的行为。例如，机器能够为自己做出决策了。它们知道何时应该开启自己、何时应该关闭自己，知道何时应该重新校准自己，知道何时应该更新软件，知道何时应该订购更换部件或进行维护。不再需要有人站在机器旁边拉动控制杆、按下按钮，以及在最后一个班次结束时关上灯。越来越多的机器不再像过去那么需要我们，而这种情况在某种程度上改变了原有的平衡。人类与机器之间的关系不再是纯粹的"使用者"和"工具"关系，而是变成了"使用者"和"帮手"的关系。

　　人类需要适应这种新情况，但除了科幻小说，并没有任何前人经验可供借鉴。机器人有朝一日会与人类共存并服务于人类——这样的想法固然很有趣，不过觉得有趣是一回事，当你突然发现越来越多人类赖以赚钱谋生的任务正在转而由机器人和自动化设备完成时，摆在你面前的现实世界又是另一回事了。采矿机器人或消防机器人意味着什么呢？科幻小说往往会侧重于这种自动化带来的好处：派机器人去从事危险工作可以保护人类的生命，再也不会有人在采矿和消防任务中丧生。而在现实中，这项充满人道主义关怀的创新改进措施意味着采矿工和消防员会丢掉工作、失去生活来源、陷入经济困顿。如果这些采矿工和消防员的工作被机器取代，他们要如何养家糊口呢？要想保住工作，他们要如何表现呢？靠不辞辛苦的努力、奋不顾身的勇气，还是硕果累累的成就？如果他们失去了职业，他们如何做才能觉得自己是对社会有价值的人，如何才能继续通过努力、技能和毅力为社会作出贡献？如果像这样失业，经济方面的挑战只是问题的一个方面。一旦工作没了，目标感、身份感和归属感也会随之消失。自动化不应伤害人们的自尊和希望。

　　现在，将上述情景扩展到各行各业。仓库工人、会计、装配工人、律师、飞行员、医师、销售人员、客服代表、高管助理、卡车司机、图书管理员、调酒师、厨师、洗碗工、农民、建筑师、工程师、招聘人员、广告文案写手、平面美术师、记者、商业分析师、财务顾问等，无论你从事何种工作，你的工作都有可能实现自动化。迟早会有人以正确的方式将人工智能、机器学习、机器人、自动化、传感器和数据连接技术结合起来，从而能够完成你所从事的工作，并且比你做得更好更快。我们开始瞥见未来世界的面貌：作为我们曾经的工具、后来的帮手，机器可能会取代我们。不管怎样，这都是个令人担忧的问题。过去几十年里，世界各地的许多工作者已经看到了自动化给工业和经济带来的巨大转变。

智能自动化对就业的影响

我们必须看一看美国的就业生态系统在过去两个世纪内发生的转变，只有这样才能明白技术转变会对就业有何影响。例如，1850 年到 1970 年之间（从本质上讲，这一时间跨度涵盖了工业化在美国从开始到巅峰的完整过程），美国农业就业份额从大约 60% 下降到不足 5%[1]。同样，从自动化和全球化开始给制造业带来转变，美国制造业就业份额从 1960 年的 25% 缩水到 2017 年的不足 10%[2]。你花费越多时间来查看这些数据，可能就会越有理由相信：担心自动化可能会导致就业末日，并非杞人忧天。

话说到这里，我们是时候变换一下讨论内容了，让我们从假设的情景回到我们能够观察到的一些模式——通过这些模式，我们可能会得出宝贵见解。我们要说的是：如果在机器只是工具乃至帮手的情况下，人们对于被机器取代这件事并不是特别担忧。那么我们可以由此推断：只要机器注定是工具和帮手，它们就不会对人类就业构成威胁。

机器的作用是辅助和增强，而不是取代人类。这一点让我们明白，并非所有自动化技术都会威胁到人类就业。只有旨在取代人类，并且能够真正取代人类的那些自动化技术，才会对就业构成较大威胁。而其他各类自动化技术——旨在发挥辅助和增强作用、帮人类完成各种任务的自动化技术，对就业威胁很小。这意味着，在我们对自动化技术泛泛而谈，而不对增强性工具和替代性工具加以区分的情况下，我们可能会夸大自动化总体而言所构成威胁的严重性。

此外，人类对于将动物作为帮手一起工作也已经习以为常。例如：人类和狗相互配合，放牧和保护牲畜；人类和牛一起耕地，一起拉动沉甸甸的东西；骡子和马可以帮助人类驮运重物、拉车，还能充当人类的坐骑；人类驯鹰捕猎、将鹅作为报警系统，还用鸽子传递书信；等等。世界各地的人们都会与动物开展合作，种粮食、驱动机械、运输货物、看家护院、保护粮仓免遭鼠害以及探索边远地区等。如果没有与蜜蜂、狗、猫、马、牛、大象和蚕的合作，人类的生活会是什么样呢？说到这里，我们要重点提醒你：对于工具和机器起到的增强作用，人类不会克制自己的追求。机敏的动物也会在人类的创新生态系统中发挥作用。然而，人类不怎么担心自己会被狗、马和蜜蜂等取代，这些类型的合作关系不断发展、欣欣向荣，不曾发生过严重事故。只有在科幻小说中，我们才会探讨人类被动物取代的可能性。

> 对于与有智力、有情感的工具进行合作这件事，
> 人类并不感到陌生。

生物和智能程度高的机器有什么不同呢？服务于人类的机器和动物又有什么不同呢？经过训练，能够服从特定命令、执行特定任务并增强人类的能力——服务于人类的机器和动物不都是这样吗？当我们与智能机器进行合作时，与这种合作方式更有共同点的是与动物合作，而不是与我们未来的"机器人大王"讨价还价——一旦你认识到这一点，机器人取代人类的威胁就变得远没有那么可怕了。

现实中的人工智能不是电影中的人工智能

值得一提的是，大部分人工智能产品尚未发展到电影中那么先进的地步，并且在相当长一段时间内不会发展到这种地步。对于人工智能这项技术，人们仍然存在较大的误解和过度炒作。虽然国际商业机器公司（IBM）的"沃森"（Watson）和谷歌公司的"深度思维"（Deep Mind）等试验性人工智能项目已经对智能类人机器（确切地说，是能够模仿人类智能的智能机器）的极限进行了测试，但是绝大多数人工智能产品和一般公众印象中的"人工智能"没有关系。大多数人工智能产品并不具备沃森那样的智能，更不用说电影《2001 太空漫游》（2001：A Space Odyssey's）中飞船上的超级电脑 Hal-9000、钢铁侠托尼·史塔克（Tony Stark）的智能管家"贾维斯"（J. A. R. V. I. S）或是《霹雳游侠》（Knight Rider's）中会说话的汽车"基特"（K. I. T. T.）了 [3, 4, 5]。

大多数人工智能的应用范围很狭窄，局限于少数几类任务，例如智能手机摄像头的机器视觉、智能扬声器的噪声消除功能，还有乘用车的驾驶员辅助紧急制动。电影和电视节目中那种让所有人惊叹不已的人工智能产品不会出现在你的工作中。当技术领域的专家和权威人士讨论未来工作岗位时，他们说到的智能自动化和影视作品是两回事。在许多方面，他们所说的技术和那种能够通过简单的语音命令让手机快速拨打配偶电话、能够在你睡眠期间自动调节室内温度，或是能够监控你的银行账户有没有出现可疑活动的智能化技术属于同类。教会机器执行那些人们认为值得交给机器去做的任务，应该不会威胁到任何人，而这些任务目前代表了许多正处于自动化进程中的任务。

交通领域的智能自动化对专职司机的影响

想一想人们目前正在为自动驾驶汽车开发的那些车载人工智能产品。请忽略该项技术现在的发展程度，预测一下未来，自动驾驶汽车到底能够做些什么呢？答案很简单：它们能让司机将车辆操作交给车载人工智能产品来完成。这些汽车可以自动泊车、带车主兜风、避免交通事故、自动重新规划路线以便绕开拥堵路段，甚至可以在主人工作时帮忙跑腿。真是了不起的东西，但也有人担心这种自动驾驶功能会消除人们对专职司机的需求。我们该不该关注这个问题呢？简而言之，答案是肯定的：我们应该关注这个问题。不过，我们要提醒你：这个问题可能最终会遇到过度炒作。

由于大多数家庭并未聘用私人司机，为私家车增添自动驾驶功能并不会取代如今正在为别人开车的绝大多数受聘司机。

我们来谈谈这种情况对专职司机（出租车司机、送货车司机、公共汽车司机和商用卡车司机等）构成的威胁。根据美国劳工部的统计数据，2016 年美国约有 30.5 万名持证受聘小汽车司机、142.1万名送货车司机、近 200 万名商用大卡车司机以及 68.7 万名公共汽车司机[6]。也就是说，一旦自动驾驶车辆上路，约有 450 万名司机可能会受影响。

然而，自动驾驶汽车上路这件事不会突然发生。如果会发生，也会是随着时间的推移，通过接连不断的一轮又一轮技术改进和实施浪潮而逐步发生，而在此过程中，受影响的行业来得及调整预期、针对即将到来的变化制订计划以及适应这些变化。

立法和监管部门会制造更多障碍，让自动驾驶车辆技术无法轻易在商业领域扩张。各个国家和地区需要对法律进行调整，以保护公众利益，应对自动驾驶车辆给道路带来的诸多挑战。在自动驾驶技术走向成熟的过渡期内，自动驾驶区和非自动驾驶区的划分是势在必行的一项重要措施。

在自动驾驶车辆与自行车、行人和有人驾驶的车辆共存的环境中，基础设施需要进行大量改进，以便为自动驾驶车辆提供协助。此类基础设施除了专用车道、物理障碍等，还包括许多技术方面的投资，其目的是协助管理车辆与基础设施通信（V2I）和车辆与行人通信（V2P）互动。这些基础设施的研发、审批和安装不会在一夜之间大规模完成。此外，别忘了考虑工会——这些组织也可能会推迟甚至直截了当地阻止商业驾驶自动化。换句话说，即使汽车厂商已经在对 18 轮货车、送货面包车和乘用车进行测试，并且测试地点包括主要高速公路和受控的市区环境，专职司机也要再过很多年（也许是几十年）才会真正遇到被自动驾驶车辆大规模取代的风险。

此外，开车这件事只是专职司机工作中的一个方面。卡车司机还需要装货和卸货。送货车司机需要上门取包裹和投递包裹。出租车司机往往需要协助乘客拿行李，热情的态度、周到的服务更是分内之事。公共汽车司机除了驾驶公交车和有轨电车，往往也需要为遇到困难的乘客提供协助。如果对专职司机执行的各项具有附加价值的任务进行提炼，只留下开车从一个地点到另一个地点这项任务，就会从根本上误解专职司机的工作内容。

任务自动化与工作自动化

> **虽然大多数任务可以实现自动化，**
> **但是大多数工作却实现不了。**

接下来，我们说一说本书中将多次重复提到的一项观察结果：虽然大多数任务可以实现自动化，但是大多数工作却实现不了。驾驶这项任务不同于从事专职司机工作。翻遍 5 万页的财务文件来查找错误这项任务不同于从事会计工作。任务并不等同于工作。只有在工作内容仅限于少数几项任务（或者仅有一项重复性任务）的情况下，工作才能实现自动化。工作内容越复杂、涉及的任务越多，就越难自动化。

一旦你开始罗列各种专职司机在其工作过程中执行的所有任务，你就会开始意识到：在他们的工作中引入自动驾驶车辆，还远远无法解决需要在开车前后完成的其他任务。尤其是送货司机，尽管无人机配送和送货机器人备受媒体关注，但在现实中，任何无人机或机器人都无法让送货司机面临被取代的切实威胁。无人机可能会从天上掉下来、被树枝或高压线等挂住，可能会被射落、偷盗、破坏和入侵，可能会掉进水域或者受恶劣天气影响而偏离航线。送货机器人可能会被偷盗、破坏、抢劫、入侵，可能会被人踢倒或者被车辆撞倒，可能会被洪水冲走或者因恶劣天气而损坏。此外，机器人经常成为无端暴力行为的受害者，这也是让许多科技观察人士头痛不已的问题。这个问题可能会成为人机合作关系的"致命"障碍（这里所说的"致命"是一个双关语，既指断送人机合作关系，也指要了机器人的"命"），并且可能会成为远比今天更普遍的问题。如果数量足够多的无人机或送货机器人经常在送货过程中受到伤害或破坏，我们如何能放心将送货任务交给它们呢？

事实是这样的：目前还没有任何机器人能够像人类一样快速而可靠地上门取件和进行配送。送货这项工作在驾驶方面可以自动化，就像包裹跟踪和路线规划可以自动化一样，但在"第1米"和"最后1米"任务（真人上门取件和进行配送到户）上做不到。不管怎样，无论从财务还是从运营的角度来看都是行不通的。

很有可能出现的情况是：自动驾驶汽车会给专职司机的工作带来变化，而不会像许多人担心的那样让这项工作迎来末日。也许"驾驶员"会不再从事驾驶——这种情况是有可能发生的。也许他们的职务名称会有所变化。也许"货运工程师"会取代今天的"卡车司机"。也许"交通服务专员"有朝一日会取代"公共汽车司机"。也许"送货专家"会取代"送货车司机"。到了这个阶段，命名方式已经没那么重要了。重点在于，很有可能出现的情况是：公众担心也许会被自动化取代的许多工作会因新技术而发生转变，而不会被自动化完全替代。毕竟，驾驶只是一项任务。创造能够在我们需要时为我们驾驶的机器，这种行动不是毁灭，而是增强。自动驾驶汽车不是用来取代专职司机的，而是用来增强他们的能力的。

人机合作后会发生什么

通过上文较宽泛的例子，我们可以推断出：对于自动化将在人类进化历程中发挥的价值和作用，我们的认识可能失之偏颇。随着越来越多枯燥、危险以及令人不舒适的工作实现自动化，随着人类对计算、分析和预测能力的需求呈指数式增长，我们所观察到的不过是这样一种现象：虽然人类工程技术的每一次进步都需要解决难度更大的问题，但渴望解决问题的精神始终推动着人类不断创新——这一点不曾改变。目标一如既往地不是取代人类，而是增强人类的能力。

人类历史中的每一次创新发生之后都伴随着一段适应期。狩猎者学会做农民，农民学会做裁缝，裁缝学会做生意人，生意人学会做银行家，19世纪的工匠变成了20世纪的工厂工人，而20世纪的工厂工人变成了21世纪的信息工作者。创新会触发适应过程。重体力劳动逐渐让路给轻体力劳动。曾经非常繁重的工作变得不再繁重，因为人类虽有毅力，但也总能想出办法以更高的质量、更省力的方式完成工作。而我们观察到，在几乎所有技术和劳动革命的实例中，那些能够以最快速度适应变化并转行到新职业的工作者总能因其敏捷灵活、积极主动的做法而收获回报。

我们认为，自动化让工作或职业发生转变的方式之一，是让许许多多曾经需要一队人来完成的任务实现自动化。通过这种方式，一些相关或相互依存的职能可能会合并为一个职能。这种情况的一个简单例子是由两名高管和一名高管助理组成的"团队"。因为许多曾经由高管助理处理的任务现在可以由数字助理和人工智能管理——包括接听电话、管理日程表和安排约见等，所以企业高管能借助数字助理和人工智能轻松完成日常工作。

那么，在这种情景下，真人助理会怎么样呢？如果这名助理是有用之才，就会被推荐到公司内的其他岗位，甚至获得升职加薪。如果他对公司没什么用处，面临的选择就是：要么换一家在技术方面没那么前卫的公司做行政助理，要么寻找另一种截然不同的工作。高管助理这项工作永远不会彻底消失，原因和专职司机永远不会彻底消失一样。有些人请得起人来做机器能做的工作，也更喜欢以不菲的价格聘用人来工作。

我们相信，通过智能自动化实现的任务合并更有可能让工作发生转变而不是消灭它们，而且会让更多工作者转换岗位而不是让他们失业。

话虽如此，现实中仍然存在这种情况：因岗位合并而失业的工作者不得不寻找新的出路。现在，我们来看看这个摩擦点。

智能自动化融入工作：谁的处境更危险

关于即将到来的工作末日，我们找到的数据以及数据驱动的预测不是不够，而是太多了——这才是问题所在。因此，其中相当大一部分缺乏独创性，并且绝大部分充其量也只是令人半信半疑。极具讽刺意味的是：当我们逐个筛选一项又一项研究，寻找我们觉得可信的数据和方法（或是由于规模足够大而具有相关性的数据集）时，这件事成了让我们备受折磨的苦差，我们真希望能够将它交给人工智能团队去做。很不幸，我们并没有生活在未来，所以我们不得不手动完成这项研究工作。经过为期近八个月的研究，我们列出的相关报告和研究终于成功缩减到六个，我们觉得这些报告和研究的方向是正确的。接下来，我们要介绍一下其中一些研究结果，尤其是关于那些自动化风险较高的工作类别和职业的研究结果。

美国布鲁金斯学会于 2019 年发布的报告《自动化与人工智能：机器对人和职位有何影响》(*Automation and Artifical Intelligence: How machines are affecting people and places*)中，马克·穆罗（Mark Muro）、罗伯特·马克西姆（Robert Maxim）和雅各布·怀顿（Jacob Whiton）指出，美国约有 25% 的工作岗位（大约 3600 万个）非常容易受自动化影响[7]。此外，还有 36% 的工作岗位（大约 5200 万个）存在中等程度的自动化风险。其余 39% 的工作岗位（5700 万个）的自动化风险非常低。解读这份报告时，我们在更大程度上将上述结果作为未来接连发生的多轮自动化浪潮的一个特点，而不是作为关于工作岗位自动化潜力的固定分析。也就是说，我们这样看待这些数字的意义：未来十年将有 3600 万个工作岗位的自动化风险较高，再过十年会有 5200 万个工作岗位的自动化风险较高，然后又过十年又会有 5700 万个工作岗位步其后尘。（我们将时间范围四舍五入到以十年为单位，以便让你一目了然。）

这份报告还指出：工资低的工作岗位更容易受自动化影响。换句话说，美国那 3600 万个目前存在自动化风险的工作岗位往往都是低薪工作岗位，而后面一批工作岗位，还有再后面的一批，收入大致呈上升趋势，工资低的工作岗位先实现自动化，而工资高的工作岗位后实现自动化。这些经过概括的数据只能反映一般情况，但是这种趋势仍然正确，并且历来如此：工厂所有者和报业大亨等通常是最后一批因技术创新而失业或承受财务压力的人，而工资低的员工通常会最早失业和受到挑战。

不过，也有值得注意的例外情况。例如，维护技师和保洁人员在短时间内不大可能被机器取代，因为大多数建筑在设计时并未考虑用机器人进行维护和清洁，而且目前的机器人在多功能和可靠性方面还存在不足，因此有些狭窄的地方是人类能够进入，它们却无法进入的。美发师和化妆师当中有许多人并不属于收入高的群体，但是他们在短时间内也不太可能被机器取代。调酒师、汽车修理工和园林工人也是如此。

该项研究按风险高低顺序列出了 24 个工作类别。存在较高被取代风险的有：食品服务、生产制造、办公和行政支持、农业 / 渔业 / 林业、交通运输和物料移动、建造和采掘以及安装 / 维护 / 维修。

下一批存在被取代风险（或者至少会因自动化而受到严重影

响）的职业是：销售、医疗保健支持、法务、计算机和数学、防护服务以及个人护理。

最后，位于这份风险列表底部的是医疗保健执业人员和技师、生命科学、管理、艺术/娱乐/体育/媒体、建筑学和工程学、教育、商务和财务运营。

我们在此要提醒你：许多财务运营类职业的自动化风险可能会远高于林业工作，但总体而言，布鲁金斯学会的这项研究与我们自己的观察结果一致。

在普华永道会计师事务所的报告《机器人真的会偷走我们的工作吗?》（*Will Robots Really Steal Our Jobs?*）中，约翰·霍克斯沃斯（John Hawksworth）、理查德·贝里曼（Richard Berriman）和戈尔·萨洛尼（Goel Saloni）进一步探讨了这一主题[8]。对于接连不断的工作自动化浪潮长此以往可能会对人类就业产生的影响，他们的见解与我们的观点不谋而合。他们提出，以下三轮自动化浪潮将接连发生，一直持续到 21 世纪 30 年代：

- **算法浪潮：**"简单任务的自动化和结构化数据的分析"将影响多个行业，以数据驱动型行业为主。
- **增强浪潮：**"与技术的动态交互用于决策制定"，以及"由机器人在半受控环境中（生产工厂和仓库等存在地理围栏的环境）执行任务"，会将自动化扩展到复杂程度更高、历来通过人工操作完成的任务。
- **自动化浪潮：**"体力劳动和手工技巧的自动化"，以及"在需要以敏捷反应采取行动的现实环境中解决问题"，会进一步将自动化扩展到此前只有专业过硬、聪明伶俐、善于合作的人才能胜任的领域。

普华永道的研究指出，第一轮浪潮中，有可能因自动化而转型的行业包括（按风险从高到低排序）：金融、保险、科学技术、通信、公共管理、国防。请注意，据普华永道预测：在第一轮浪潮中，这些工作类别都不会达到 10% 以上的自动化率。

被认为在第二轮浪潮中处境危险、有可能因自动化而转型的行业包括上述所有行业，其自动化率仅能达到近 20%。此外，新增的行业还包括交通运输、仓储、生产制造、建造、行政和支持服务、批发和零售贸易、食品服务，以及健康和社会服务。

最后，根据普华永道的预测，受第三轮自动化浪潮破坏严重的行业将包括交通运输和仓储、建造、生产制造、行政和支持服务、批发和零售贸易，以及食品服务。

请注意，在普华永道调研的所有行业中，处境最安全的类别是教育——即使在经历三轮浪潮之后，其自动化风险也不到 10%。还有一点也值得注意：在经历三轮浪潮之后，只有一个行业会达到 50% 的风险，有可能受到严重的破坏，那就是交通运输和仓储。其他行业的风险都低于 50%。

根据普华永道的预测，随着时间推移，到了 21 世纪 30 年代上半叶，自动化对各行业的影响似乎也会趋于稳定。这意味着，因自动化而失业的人可能只有一部分，而并非绝大多数。不过，一些工作类别的处境可能没那么安全。我们对普华永道的研究进行了更深入地挖掘，发现以下工作在未来二十年内自动化风险较大：

- 机器操作工和装配工（60%—70%）。
- 文职工作者（50%—60%）。
- 基础职业从业者（40%—55%）。
- 手工艺和相关贸易者（40%—50%）。

- 技师和相关专业人员（25%—35%）。
- 服务和销售工作者（25%—35%）。

　　在自动化风险阈值较低处，我们看到了农业和渔业熟练工（15%—30%）、专业人员（10%）以及高级官员和管理者（5%—10%）。

　　普华永道的数据提供了以下方面的见解，它们有助于人们了解为什么一些职业会比其他职业更容易受自动化影响。该项研究将机器操作工和装配工（风险较高的类别）和专业人员进行了对比，采用的依据是六个任务和技能类别，这些任务和技能都是他们在日常工作职责中需要用到的，包括手动任务、例行任务、计算、管理、社交技能和读写技能。与所有职业的平均水平相比，这些数据揭示了这样一种情况：机器操作工和装配工对手动任务的依赖程度是平均水平的168%，而在专业人员的任务构成中，手动任务只有平均水平的48%。类似地，在机器操作工和装配工的任务构成中，例行任务是平均水平的124%，而专业人员为平均水平的93%。然而，在计算方面，机器操作工和装配工只有平均水平的51%，而专业人员为平均水平的142%。在管理技能方面，两者分别为平均水平的84%和92%。这说明了什么？

　　　　· · ·

> **自动化这场游戏的主角是任务，而不是职业。**

- 对于一名机器操作工来说，自动化针对的显然是他的任务占用时间超过平均水平的领域——在该项研究中，这些领域就是手动任务和例行任务。对于专业人员来说，计算任务很可能会成为自动化的第一个目标。我们可以看到，通过自动化提升效率的做法很容易融入被认为自动化风险较高的职业中，但也同样很容易融入自动化风险较低的职业。

- 即便是机器操作工和装配工，也有与更难实现自动化的"专业人员"类似的技能和任务。例如，机器操作工和装配工在管理任务方面的自动化程度是平均得分的 84%，而专业人员为 92%，两者之间的差距并没有那么大。换句话说，这是因为一些任务容易被自动化并不意味着整个工作也容易被自动化。如果机器操作工和装配工在管理职责方面的任务构成与专业人员完全相同，这就说明他们的工作中有某些很重要的方面可能被自动化的倡导者忽略了。这时要当心，因为过度简化现实中的人力工作所包含的内容，以及过度依赖白纸黑字的书面工作职责描述，并不能有效地在现实中做出与提升效率和改进结果有关的决定。

自动化有助于提升人类工作者的哪些潜能和技能

再说一次，我们认为自动化不会彻底取代人类的工作，而是会通过简化某些重复性任务或低价值任务来增强人类的能力。在机器操作工的案例中，手工劳动和例行任务最有可能被自动化，而管理、团队建设、员工培训和生产监督可能会变成重点职能。同样地，专业人员的例行任务和计算任务可能会实现自动化，从而为管理、员工发展和技术技能提升等其他重点任务留出空间。

如果使用得当，自动化并不会消灭工作岗位，而是会改变它们的既有结构。在大多数以结果为导向的情景中，自动化能够为人类工作者创造更多机会，从而改进工作岗位的结构。

还有一种看待自动化的方式，是将它视为时间创造机：自动化能够创造时间。自动化每承担一个工时的工作，就相当于人们收获了一个工时。收获的这个工时可以从公司资产负债表中减去并作为成本减少来处理，也可以重新分配给之前无法获得相应预算的高价值任务。因此，每分配给机器一个工时，都会额外创造一个可以分配给有能力的高价值人类工作者的工时。当我们在前文中提到自动化起到的作用应该是做加法而不是做减法时，我们是指：通过有效运用自动化解放的一百个工时可以作为成本减少来处理，但如果让收获的一百个工时实现价值最大化并用来对公司进行再投资，岂不是更明智？

在商业领域，最容易做到的事情就是设法削减成本。并不是说精益经营就没有优点——以最终有助于公司改善绩效的方式来削减成本和进行组织"瘦身"，无论何时都是有利的。但如果只是因为能够削减成本就这样做，那未必是迈向市场领先地位的最佳途径。

一个典型的例子是：为顺应 21 世纪数字化经济而进行的数字化转型、技术变革以及意义深远的业务重组任务，这几类挑战都是企业不能指望通过削减成本和走捷径来解决的问题。机智灵活的企业懂得如何松开枷锁，让各种内部组织摆脱束缚、随机应变。这些企业是模块化的。工作职责描述和部门设置都会不断发展变化。这些企业的信息技术经理不会采用十年前或五年前的工作方式，甚至连一年前的工作方式都有可能被摒弃。这种企业在方方面面都处于不断变化、不断适应的状态。这些类型的企业通常走在数字化的前列，它们进行自动化的目的不是缩减员工人数，而是腾出更多资本来聘用更多员工，并将人类工作者解放出来，让他们能够专注价值更高、更有意义的任务。

从低价值任务转到高价值任务

自动化将帮助人类更加专注哪些类型的高价值任务呢？在自动化程度越来越高的经济中，哪些技能和特质对于企业主、合作者和投资人来说更有价值呢？为了吸引未来的招聘人员，当今的工作者应该培养哪些技能和特质呢？

经济合作与发展组织（Organization for Economic Cooperation and Development，简称 OECD）于 2018 年 3 月发布的《自动化、技能与培训》（*Automation, Skills, and Training*）报告提供了对各种职业资质与自动化风险之间关系的洞察[9]。根据 2012 年进行的一次就业调查得出的数据，柳比卡·尼德尔科斯卡（Ljubica Nedelkoska）和格兰达·坤蒂尼（Glenda Quintini）指出，创造才智和社交才智这两方面技能的自动化难度可能远大于认知技能和操作技能，也就是说，那些在创造才智和社交才智方面表现出很高水准，并且擅长处理非例行性互动和认知任务的人类工作者更有可能得到企业主器重，无论有没有自动化都是如此。

相反地，那些所从事职业深深根植于例行任务或手动任务的工作者被自动化取代的风险最高。手工技能尽管有其专业价值，但对于未来的企业主来说很可能会越来越微不足道。再说一次，我们预测出的情况不是高技能手工岗位会迎来末日，而是所有手工岗位加起来会有 30%~50% 受到侵蚀。机器操作工和装配工比其他高技能手工劳动者（例如美发师和电脑维修专家）更容易感受到自动化的蚕食。因此，请当心那种对所有手工劳动岗位的自动化不加区分、泛泛而谈的做法。

尼德尔科斯卡和坤蒂尼援引世界经济论坛发布的数据，提供了以下两份榜单，它们凸显了全球需求度最高的技能在 2015—2020 年经历的转变。

2015 年榜单：

1. 解决复杂问题
2. 与他人协调
3. 人员管理
4. 批判性思维
5. 谈判协商
6. 质量控制
7. 以服务为主导
8. 判断和决策
9. 积极倾听
10. 创造力

2020 年榜单：

1. 解决复杂问题
2. 批判性思维
3. 创造力
4. 人员管理
5. 与他人协调
6. 情商
7. 判断和决策
8. 以服务为主导
9. 谈判协商
10. 认知灵活性

请注意，榜单中新增了情商并去掉了质量控制，后者是一项能够自动化的任务。请记住，解决复杂问题、批判性思维、创造力、人员管理、情商、判断和决策、以服务为主导、谈判协商和认知灵活性都属于对高层次认知及互动技能的应用。

到 2025 年，我们预计会看到解决复杂问题、人员管理、与他人协调、判断和决策、以服务为主导在榜单上向下移动。为什么呢？因为这些技能可以并且将会通过人工智能和自动化得到增强。

其余特质——批判性思维、创造力、情商、谈判协商和认知灵活性，应该会移动到前五位，因为企业主更赏识那些拥有不易自动化、具有高价值技能的工作者。

人机关系的演变是一个自然而然的平衡过程

在我们介绍如何适应自动化和人工智能的崛起，以及思考即将到来的各种变化，哪些类型的职业更有可能因此得到增强和改进这些内容之前，我们先来花点时间回顾一下本章开头的内容。

事实上，无论何时，人类的聪明才智和创新都会用来改善表现，用来增强人类的能力，用来增加产出、增强力量、提高速度、扩大范围，用来提升效率、有效性、产量，以及用来创造更多机会。人类能够将自己从繁重任务中解放出来，做更多事情，离不开对各种工具和谋略的运用。

因此，现代那些借助人工智能和物联网（IoT）技术来经营农场的农民，和古代那些为农田建造机械灌溉系统、利用农场边上的河流为磨坊提供动力的农民，都运用了工具和谋略。同样，那些借助机器学习和人工智能技术，在成千上万页的法院文件和证词中查找错误、提取特定人员信息的律师，和那些很多年前不得不召集一众实习生来做这些工作的律师，二者区别也没有那么大。某个流程或某项任务的自动化，并不意味着相关工作必定会消亡，而只是意味着这些工作必定会发生变化。

现在，随着机器变得更加复杂、更加自动化以及更加智能，并且随着机器变得能够进行技能学习并做出基本决策，人机关系也开始发生变化。用户、司机以及操作人员角色（或使用者）将演变成别的角色——这更加类似于人类与动物帮手之间形成的合作关系类型。而随着智能机器变得仿佛人类一样，能够使用自然语言、声音，并通过随性而为的社交互动方式与人类进行互动，人机合作关系将变得越来越像人类彼此之间的合作关系类型。

> **自动化未必会让人们的工作面临世界末日。**

在不远的将来，自动驾驶汽车的车主或许能够与爱车进行合作，它可以送他去上班，可以在上班时间帮他跑腿办事，没准还能顺便载上需要搭车的行人一程赚点小钱，可以去机场接回他的家人，或是在他因病无法出门时出门取回一碗鸡汤。在不远的将来，坐在办公室里的业务经理能够创建由专业人工智能产品组成的任务执行团队。这些人工智能产品的任务是完成大量非常有用的工作，包括生成报表、提供市场分析和制作演示文稿，以及与人类团队成员进行协调、管理日程表、协助人类做出对业务至关重要的复杂决策。在不远的将来，就连手工劳动职业（如园林工人和机械操作工）都会能够与人工智能产品、机器人和智能自动化工具合作，从而更快、更好地完成工作。自动化未必会让人们的工作面临世界末日。比起将自动化技术浪费在走捷径、削减成本等事情上，并且无视人类在几百万年进化历程中积累的经验教训的做法，人机合作关系带来的经济潜力和创新潜力要有意思得多，其中蕴藏着无限机会。

第二章

人机合作的状态

评估人机合作关系的共同点

要想得出对人机合作关系切实有用的理解，我们就必须采取有效方法对其进行评估。但是，具体该怎么做呢？

有许多方法可以用来进行此类评估。例如，我们可以研究特定类别的人机合作关系旨在满足什么样的政治、经济和社会需求。我们可以采用一种经典企业管理方法，使用SWOT[①]分析模型，从优势、劣势、机会和威胁这几方面对人机关系进行评估。我们可以采用简单的二元分析法：有价值与无价值、有害与有益、昂贵与便宜、必不可少与无关紧要、简单与困难，等等。但是，有关人机关系的思考方法那么多，我们如何才能建立一致的评估模型，让消费者、开发者、学者、企业决策者和政策制定者能够达成共识？我们如何才能找到共同点？

在这个问题上，最显著的可变因素是评估的背景，也就是评估的目的。例如，对于某个特定类别的人机合作关系，社会学家所寻求的评估方法可能会不同于"《财富》100强"（Fortune 100）公司的首席物流官。前者感兴趣的方面可能是这个特定类别的人机合作关系会对就业（更准确地说是失业）、贫困、犯罪等社会问题有何影响。后者对同一种人机合作关系进行评估时，感兴趣的方面通常是其运营效率及产品上市速度，或其减少内部成本的潜力，而很少关注自己公司范围之外的社会经济连锁反应。

说到对人机合作关系的思考，问题症结在于：评估的意图、方式和结论因人而异，取决于进行评估的人。由于个人的角色、目的、

---

① SWOT是优势（Strengths）、劣势（Weaknesses）、机会（Opportunities）、威胁（Threats）英文单词首字母缩写。——编者注

运营战略目标不同，人机合作关系评估得出的结果可能会不尽相同。也就是说，人机合作关系的价值几乎总会带有一定的主观性。

为了尽量减少主观性，我们选择的评估对象为"投资回报率"，即成本与收益。无论对于哪个类别的人机合作关系，当我们开始进行评估时，比较客观的做法也许就是首先衡量其收益是否超过成本。

正如我们已经讨论过的，社会学家和企业高管对于哪些效益和成本具有重要价值这个问题会有不同的看法——但是，这无伤大雅。重要的是，无论角色、目的、运营战略目标如何，核心方法都是相同的：这类人机合作关系的收益是否超过它的成本？企业高管和社会学家从各自的独特视角出发来进行同一类评估，也是件好事，原因包括以下两点。

一方面，这两个群体可以彼此分享各自独特的评估方式，从而有助于大家关注和了解其他一些可能无法通过别的方式被所有人发现的机会、风险和痛点。例如，一家具有社会责任感的公司可能会很有兴趣了解这样一个事实：虽然部署某个特定类别的人机合作关系可以大大提升其运营效率和赢利能力，但弊端可能包括出现因岗位不足的裁员现象、客户体验失去人情味以及公关危机，而公关危机可能会像滚雪球效应一样，逐渐损害公司在客户中的声誉。我们由此可以看到，通过帮助有着不同利益和观点的不同群体及团队回答同一个问题，大家都能为彼此对人机合作关系新技术或新类别的评估贡献一臂之力。

另一方面，无论你是成本会计、首席执行官、社会学家、经济学家、危机管理策略师、城市规划师、科技分析师还是民意调查员，体现了共同价值观的评估方案都会让你受益，它们远比那些主观的单方面评估更有利于促成卓有成效的辩论、合作以及联合分析。我们的评估流程包括建立这样的共同价值观，以及合理的后续步骤。

从评估成本与收益，到建立因果关系模型

现在，让我们在这种基本方法中加入一点有意思的东西。此时提出的问题不是纯字面意义上的"成本与收益"（就像投资回报率公式中常见的数学计算一样），而是"收益与后果"。投资特定人机合作关系类别的企业、政府和其他实体除了问自己"成本是多少？有哪些潜在收益？收益能否超过成本？"等问题，还应该问问自己："有哪些潜在后果？""潜在收益能否超过潜在后果？"

在标准成本收益分析中添加这样一个分析层面，可以迫使评估者对因果关系进行思考，而不是局限于交易方面的数学计算。这有助于他们从基于资产负债表的思维模式转变成以更具前瞻性的有机思维对后续情况进行分析。为什么这很重要？一是因为单纯从成本会计的角度来看待像新型人机合作关系这样的转型举措，是既危险又短视的做法，没有考虑到现实中的因果关系。二是因为无论通过何种转型举措，实际成本和风险都在于该举措付诸实施后会带来何种变化；对于转型举措可能造成的后果不加考虑或不做计划，如此莽撞的做法是任何公司都承受不起的。

> 单纯从成本会计的角度来看待像新型人机合作关系这样的转型举措，是既危险又短视的做法。

例如，物联网和人工智能解决方案可以帮助老年患者在家中进行自我健康管理，从而使他们的医疗保健费用减半，同时还能进行全天 24 小时监控、减少意外用药过量的风险，并让他们能够留在自己家中，而不一定要搬进护理型养老院。但是，让老年患者更多地

与机器而不是与人合作来进行健康管理，可能会造成一些计划之外的后果，比如助长抑郁情绪和压力，而这些后果并不会改善他们的生活质量。为什么呢？因为虽然智能居家护理解决方案可以改善某些医疗结果，并且从成本收益的角度来看十分合理，但如果只是简单地用机器取代真人照顾者，就有可能剥夺患者在日常生活中和人接触的机会，而患者需要这种接触。为了更好地解决这个潜在问题，玩具生产企业孩之宝（Hasbro）早早通过推出机器宠物进军老年护理物联网领域，这些机器宠物有望缩小陪伴型机器人与真实宠物之间的差距[1]。虽然这种产品并不能很好地解决这个问题，但确实有助于缓解它。美国国家科学基金会和布朗大学的研究人员已经与孩之宝公司开展合作，为其机器宠物产品添加实用功能和仿真行为。最近，宠物机器人公司 Tombot 与吉姆汉森公司（Jim Henson）合作，开发出一款非常逼真的陪伴型机器小狗。因此，让照护型和陪伴型机器人在给人的感觉和表现出的行为方面更加以假乱真——这一需求已经深深渗透了设计文化，这方面的技术在未来也会不断更新迭代[2]。

以上例子说明了当涉及实施具有变革意义的新型人机合作关系以及确立正确的相关设计理念时，需要对后果加以全盘考虑，考虑这种做法会对世界产生怎样的影响，而不单是考虑成本和潜在收益。我们必须将同样的思考方式运用到所有新型人机合作关系中，从教育、医疗保健和公共安全，到客户服务、社会服务、协同工作和生产制造，都是如此。设计产品、服务和平台时，要想让它们实现远超实施和部署成本的收益，归根到底不过是解决工程问题和进行正确定价的问题。在我们看来，科技公司面临的真正挑战是预测其创新技术一旦进入我们的日常生活之后可能会像连锁反应一样引起哪些计划外后果，并通过直观的设计解决这些问题。

以下介绍了几类连锁反应，技术专家和产品经理在设计下一代智能自动化产品时，应该始终将这些问题牢记在心：

- 通过机器接受教育的儿童会逐渐丧失一些至关重要的社交技能。
- 在自动化程度越来越高、越来越以数据为中心的医疗保健系统中，数据和隐私信息泄露的风险有所增加。
- 公共安全领域对智能技术的应用可能会造成监控密布的结果，从而对个人自由构成一定威胁。
- 客户服务行业的用人岗位将被机器取代。
- 社交生活受到侵蚀，人们与为自己提供服务的机构之间在情感上变得疏远。
- 更高效的业务协作可以大大减少摩擦，从而大大减少不同想法之间的冲突碰撞，由此可能会导致创新步伐放缓。
- 制造业部门用人岗位锐减。

归根到底，计划外的后果也是成本。因此，我们有必要对它们加以全盘考虑。以下是一项简单的练习，可以帮助产品设计师和产品经理理解这一点如何适用于技术设计。

问题 1：现在进行（或不进行）……（某一计划）的成本是什么？

问题 2：这一选择以后会造成哪些后果？

问题 3：到时再解决这一问题，而不是现在就解决，成本会更高还是更低？

找出相应的解决方案来解决技术设计盲点可能造成的后果（即成本），这种做法是有利可图的，其中一个重要原因是：在创新进程的早期阶段，这一过程可以在设计和功能方面开辟全新领域。这很容易转化为市场优势，因为即使成为某个类别中的先行者，也未必意味着能够长期处于领导地位。但是，如果同时做到最先和最佳，那么这两者的结合通常会成为制胜法宝。理想的创业型问题解决模式并不是：看到问题，构建解决方案，然后将这个解决方案变现。理想的创业型问题解决模式是：看到问题，构建正确的解决方案，最大限度减少计划外后果，然后将这个解决方案变现。在此基础上进行业务合理性论证，才能设计出无论对于用户和结果，乃至对于整个社会和经济，都可以最大限度减少计划外后果和负面影响。

这类以先见之明为主导的设计强调了这样一件事情的重要性：科技产品——尤其是那些在人机合作关系方面具有应用潜力的科技产品，应该建立在比仍然受到成本会计青睐的传统成本收益分析更广泛的价值尺度基础之上。公司如果能够迅速适应这种新的现实情况，就会处于比那些拒绝或难以适应这种模式的公司更有利的地位，就能够打造出更加出色、痛点更少的产品。

"老大哥""老母亲""老管家"

对于分析师来说，最麻烦难搞的挑战之一是如何将复杂情况变得简单。关于如何大体了解新技术的机会、风险和威胁，我们设计出了一种简单直观的相关分析模型，开展这方面的工作。

起初，我们使用了一个简单的"朋友与敌人"二元分析模型。在这个模型中，如果带来的计划外风险多于机会，技术就会被认定为"敌人"；如果收益超过风险，技术就会被认定为"朋友"。就像任何事物的第一个版本一样，这个二元模型太有限了，于是我们很快就开始努力改进它。没过多久，我们就意识到：技术及其使用方式可以自然而然地分为三个不同类别（或者说原型）："老大哥""老母亲"和"老管家"。

这个三位一体模型的优点之一是不解自明。"老大哥"代表了那些对于个人自由、隐私权和个人安全有威胁的技术。在这个数字隐私、大数据和监控经济大行其道的时代，各种技术被用来跟踪我们的线上和线下活动及行为。"老母亲"代表了那些本意或许是好的，但可能会专横地侵扰用户的技术，就像对孩子管得太多、过于热心的家长一样。"老管家"代表了那些按照人类用户的条件全心全意为他们服务，不会侵扰用户、不会泄露隐私信息并且痛点很少的技术。

> "老管家"是三种技术原型中比较理想的一种。

　　"老管家"旨在实现以下三个方面的完美平衡：智能自动化带来的效益、数据安全（和用户隐私）管理，以及如何以直观而和谐的方式将智能技术整合到日常生活中。"老管家"和"老大哥"正相反，因此，在开发智能自动化平台、产品和服务时，每项智能技术都应该立志于向这种原型靠拢。

　　"老管家"应用往往会以数字助理或机器人等形式出现，这些数字助理或机器人能够为其人类用户执行非常有用的任务。"老管家"应用可以帮助用户提高生产力、加快任务完成速度，甚至可以提升工作质量。"老管家"技术可以帮助忙碌的白领回复电子邮件、管理会面预约、将语音邮件转成文字、生成报告、研究某个话题、订机票、分析数据、安排车辆保养时间——这些任务都服从用户的命令，并且非常轻松省力。同样地，"老管家"技术还可以帮助蓝领工人创建、同步和管理复杂的车队日程表和工厂；实时以可视化方式呈现多层系统和物流信息；在出现特定类型的维护和生产问题时自动向手机发送警报；根据新员工的需求为其推荐和提供相应的培训，等等。在工作之外，"老管家"应用可以帮助用户规划和管理日常事务、订购食品、拨打电话、设置会面预约、调节家中空调温度、播放音乐、搜索电影、管理家中安防系统，等等。管家或个人助理能做的大部分事情，"老管家"技术也能实现，并且能较好地保护用户隐私。

"老母亲"应用的目标是照顾好你，却未必会征求你的许可。比如，某个应用在你抵达之前将你对环境的偏好共享给某家酒店，以确保你在抵达该酒店后可以享受自己喜欢的室内温度，这就是一个使用"老母亲"技术的例子。又如，搜索引擎或浏览器根据其对你个人偏好的了解来优化显示的结果和广告。再如，无处不在的定制零售体验——你逛了一家又一家商店，而为你量身定制的体验如影随形。这些出于善意的人机合作关系尽管非常有用，但在为用户提供极大帮助的同时，也可能会有点专横、突兀甚至令人毛骨悚然。

"老大哥"应用所采用的技术可以收集你的相关数据、分析你的行为、跟踪你的活动、在网上关注你，每当你从监控设备前经过时，"老大哥"应用会将你识别出来，或是阅读你的私人消息。虽然有时披着"老母亲"技术的外衣（辩解称进行数据收集和分析是创建"老母亲"服务所必需的），但是"老大哥"技术应用在本质上具有很强的欺骗性、剥削性和恶意。它们与"老管家"技术应用完全相反。

由于大多数人机合作关系都应该以"老管家"这类技术为基础，区分"老大哥""老母亲"和"老管家"技术就成为一项至关重要的能力。借助这个简明的框架，政府、企业以及消费者应该可以共创未来，引导人机合作关系朝着为人类赋能和增强人类能力的方向发展，而不是导致隐私权、能动性和自由受到系统性侵蚀。

人机合作如何缔造颠覆式变革

人类文明的颠覆性变革都是由需求引发的。想想看，哪怕是像弓和犁这样的原始机械也对经济、社会和政治之争方面的颠覆式变革作出了那么大的贡献。长期存在的水患为人类修建堤坝和人工水渠提供了动力和灵感。瘟疫为人类发现疾病的治疗方法乃至发明疫苗和药物提供了动力和灵感。从人类打造的第一件工具到精妙的人工智能产品，人类打造机器的目的永远是帮助自己实现目标。人类会本能地找出问题和痛点，然后设计出某种解决方案来克服它们。当人类的主要痛点是饥饿时，我们发明了种植作物和控制食物供应的方法。当人类的主要痛点是干渴和干旱时，我们发明了挖掘更深的水井以及更高效地灌溉作物的方法。当人类的主要痛点是安全时，我们发明了围墙、武器和防御策略，让威胁无法靠近我们。解决问题这件事，人类一直都在做。我们解决了昨天困扰我们的问题之后，就会着手解决今天困扰我们的问题，并且心里清楚：解决了这些问题之后，明天还有更多问题等着我们。在每一次迭代中，我们的工具都变得更好用，机器变得更高效，系统变得更加智能和自动化，因为我们也会通过这种方式帮助我们的工具解决它们自身的问题。

但是，我们不会止步于此。我们从中领悟的主要道理不是人类的聪明才智没有界限，也不是人类通过创造机器来解决问题、改进结果以及设法提高做事效率这件事有着悠久的历史，而是人类总是使用机器来通过某种方式增强我们自身的能力。这样做并不是单纯为了解决问题，而是为了有效赋能，让我们与没有发明我们与之建立合作关系的机器时相比，或者与发明之前相比，具备更强大的能力。

开拖拉机的农民能够在其祖父当年播种 1000 平方米农田所用的时间里播种 40 万平方米农田，这难道不是通过机器得到增强的农民吗？配备自动化武器、加密通信设备和空中实时战场侦察的士兵，难道不是通过机器得到增强的士兵吗？如今能够借助网络、特别设计的摄像头以及可执行精细操作的机械臂完成远程手术的外科医生，难道不是通过机器得到增强的外科医生吗？

所有人机合作关系的核心原则一直都藏在这样一个朴素的道理中：在"效率""速度"和"规模"等各种层次的表现之下，无论我们通常会将何种可衡量的实际收益归功于人机合作关系，其中都藏着一个真相：各种人机合作关系存在的首要目的都是让人类有限的能力得到增强。

> **各种人机合作关系存在的首要目的都是让人类**
> **有限的能力得到增强。**

认识到这个道理，就像认识到"老大哥""老母亲""老管家"之间的区别一样重要，因为它道出了所有人机关系的本质。从这个道理中，我们可以为当今时代最紧迫、最具争议性的问题之一"机器会取代我们吗"找到答案。

答案至少在一定程度上取决于机器究竟是曾经为了完全取代我们而生，还是主要为了增强我们的能力而生。公平起见，答案始终都是两者兼有，但是如果我们纵观历史上的颠覆式技术变革，我们就会发现：虽然有时候会有某些类型的机器完全取代了一些工作岗位，但在历史上的绝大多数时间里，机器起到的主要作用还是增强我们的能力并将我们解放出来，让我们能够利用最宝贵的资源——时间，来做更多事情。

人机合作未来会是什么样子

开始回答这个问题时，我们不必极目远眺，也不必大加猜测。医师已经开始与人工智能产品合作提升诊断的准确性并减少事与愿违的治疗结果。事务繁忙的企业高管已经在利用数字助理和专门的机器人来自动完成一些耗时的行政任务。高层决策者已经在运用多种智能分析产品对数据进行梳理并结合相关背景进行数据分析，然后将分析结果转化为洞察力。预测性建模工具可以帮助组织机构规划项目并最大限度减少投资风险。

这些精妙新工具的力量并不在于取代人类，而是在于帮助人类在工作中节省时间、减少出错、提高成效——简而言之，就是增强人类的能力。我们不应在凡是做得到的情况下都用机器取代人类，而是应该仅在必须如此时才这样做。

我们来扮演一下唱反调的人，问一问这是为什么。为什么我们不应在凡是做得到的情况下都用机器取代人类？如果机器能够比人类医生更好、更快、更可靠地做出准确的诊断，那么为什么不用机器取代人类医生呢？如果机器能够比人类高管完成对更多数据的分析，并且能够以更快的速度完成，同时还能为组织和投资者带来更好的结果，那么为什么不用机器取代人类高管呢？为什么在机器已经证明能够比人类表现更出色的情况下，我们也不用机器取代人类？

以下是精简版的答案：如果只有提高运营效率这一个目标，那么机器的确往往比人类更高效，尤其是在执行重复性任务或是可预测的任务时。但是，大多数任务——或者说，大多数工作，并不具有重复性或是可预测性。如果某项工作需要人们进行社交和协作，或需要以创造性方式解决问题，或要求相关人员具备领导力、灵感、直觉以及随机应变能力等素质，那么机器可以协助人类，但无法取代人类。此外，单纯提高运营效率算不上是进步——远远算不上。进步还在于——并且可能主要在于——想象力、创新能力、颠覆性变革以及富有创意的调整方式，而在这些方面，无论多么精妙的机器都无法超越人类。

即便精妙的人工智能产品能够帮助人类推动医学、材料科学、微型芯片设计、能源研究以及上千个其他学科领域取得革命性突破，这些人工智能产品也无法独立完成其人类合作伙伴需要它们帮忙完成的工作。世界上没有机器能取代史蒂夫·乔布斯（Steve Jobs）、埃隆·马斯克（Elon Musk）、杰夫·贝索斯（Jeff Bezos）、萨提亚·纳德拉（Satya Nadella）[1]或桑达尔·皮查伊（Sundar Pichai）[2]，没有机器能取代斯蒂芬·霍金（Stephen Hawking）、史蒂文·温伯格（Steven Weinberg）[3]、彼得·希格斯（Peter Higgs）[4]或弗里曼·戴森（Freeman Dyson）[5]，也没有机器能取代玛格丽特·阿特伍德（Margaret Atwood）[6]、多丽丝·莱辛（Doris Lessing）[7]、托妮·莫里森（Toni Morrison）[8]或弗吉尼亚·伍尔芙（Virginia Woolf）[9]。换句话说，世界上的天才、远见者、创新者、领导者，目前都无法被机器取代。

无论机器变得多么精妙，无论它们最终能够以多么接近于人类的方式模仿人类思维。改变世界的力量，推动世界和人类前进的力

---

[1] 微软公司首席执行官。——编者注
[2] 谷歌公司首席执行官。——编者注
[3] 美国物理学家、诺贝尔物理学奖获得者。——编者注
[4] 英国物理学家、诺贝尔物理学奖获得者。——编者注
[5] 美籍英裔物理学家、普林斯顿高等研究院教授。——编者注
[6] 加拿大作家，被誉为"加拿大文学女王"。——编者注
[7] 英国作家、诺贝尔文学奖获得者。——编者注
[8] 美国作家、诺贝尔文学奖获得者。——编者注
[9] 英国小说家、散文家。——编者注

量，是天赋、远见、创新和领导力，而不是重复性任务的效率提升、计算速度的加快或实时语言处理。此外，机器旨在自然而然地弥补人类的局限性，正如我们能够自然而然地弥补它们的不足一样：人类与机器之间紧密交缠的共生关系久已有之，可以追溯到人类文明诞生之时。纵观人类历史，推动颠覆式变革和人类进步的从来都不是"人机对立"，而是"人机合作"。这种持久的合作关系在人类历史长河中推动了进步的车轮，因此，我们应该继续追求那种行之有效的人机合作关系模式——这种模式将人类送上了月球，绘制出了人类基因组图谱，并且让你手持一台设备即可查看人类的所有知识。

机器如何帮助人们更好地适应变化

如果变化既是颠覆式变革，又是在所难免的，那么颠覆式变革就会在所难免。无论哪个行业，无论哪个职能部门，都会发生变化。或许不是在今天，也不是在明天，但颠覆式变革总会到来。

我们已经开始讨论机器可以如何推动颠覆式变革（关于这个主题，我们将继续深入挖掘），不过同样重要的是，我们也必须承认机器也可以帮助我们适应颠覆式变革。

例如，某软件供应商不断向一家"《财富》世界 500 强"之一的公司的高管推介一款项目管理智能自动化产品，在此情况下，该公司的一名中层项目经理如何才能避免自己被这个项目管理智能自动化产品取代呢？一种做法是，选择延长工作时间、承接更多项目、增加与老板面对面谈话的次数，从而在公司内赢得良好声誉，成为大家心目中勤奋上进、能把事情办好的员工。另一种做法是，选择开始采用那种对她构成了威胁、可能会在 6 个月到 18 个月内取代她的智能自动化产品，但让这款产品按照她的要求为她提供协助，从而提高她的产出能力、缩短产品日程表并大大改善她手下项目团队的工作结果。

如果选择第一种做法，那么充其量只能让这位勤奋的项目经理在其工作被智能自动化取代之后引起另一个职能部门的注意并调动过去。而最坏的情况是，虽然她的上级可能会认可她突然迸发的工作热情，但是她拼命努力的结果迟早会让她心力交瘁，而这只会加快她让位的速度。

但是，如果选择第二种做法，她就能够在即将到来的颠覆式变革让她失去工作之前先行一步，甚至有可能扭转局面，让公司了解智能自动化产品应有的使用方法。通过采用本来可能会导致她失业的颠覆性技术，而不是跟技术对着干，她会变成该项技术的受益者而非受害者。她为自己设计出的全新模式让她的上级一目了然，也是对"人机合作"关系的概念论证（和价值论证）。这个合作关系可以作为对"人机对立"的矫正方法——后者强调对立，不但会让她失去工作，还有可能为公司带来不甚理想的结果。

> **如果工作者积极主动地采用人机合作思维模式，将化威胁为机遇。**

最坏的情况是，公司不知何故没能从她的举措中看出任何名堂，然后仍然用自动化项目管理解决方案取代了她。不过，在这种情况下，她可以身怀娴熟的智能生产力与人机合作关系技能进入就业市场，并且可以将这些技能运用到下一份工作中。不过，理想情况是，她所效力的公司意识到：利用智能自动化解决方案让能力过硬、经验丰富的工作者如虎添翼，而不是取代他们。此外，管理层会追求用技术增强员工能力的策略，而不是取代员工的策略。

　　通过及早采用颠覆技术并将这些技术融入日常任务中，处境危险的工作者或许不仅可以保护自己免受被机器取代的威胁，还能通过新技术推动自己的职业发展。

人机合作的价值

　　从根本上来说，人机合作关系有机会创造均等机会：任何事情都有望通过让人类与机器合作执行某项任务或追求某个结果来得到改进。例如煮咖啡、上班通勤、帮助农民照顾作物、协助领导者做出明智的决策，都是如此。每一种人机合作关系的核心价值都可以通过其带来的改进结果来定义乃至衡量。人机合作关系无论可以导致某种癌症治愈方法的发现，还是只不过可以帮助工作繁忙的人节省出 1 小时来安静地放松一下疲惫的身心，其带来的益处都是不言而喻的。

　　对于那些可能对人机合作关系的投资回报率感到好奇的人来说，每种人机合作关系都必须独立计算，就像进行所有其他投资回报率计算一样：在本质上是通过成本与收益的对比权衡进行的。除了投资回报率，对人机合作关系价值的判断不但更加抽象、更加出于本能，而且没那么令人望而生畏。我们当中的大多数人已经在自己都没意识到的情况下做这件事了：每当我们开始将日常任务分配给数字助手，或者学会使用语音激活界面代替键盘以节省时间，或者购置草坪修剪机器人，或者借助汽车配备的驾驶辅助功能来避免发生交通事故，我们都会自然而然地感激每一种新型人机合作关系为我们创造的价值。在判断人机合作关系价值的过程中，第一步显然是寻找上述这类机会，并欣然接纳那些有望在我们的生活、工作等诸多领域的某一方面带来改进的人机合作关系。

第三章

人机合作时代的
前景展望

人机合作会带来哪些变革呢

谈谈接下来的十年。在我们深入探讨教育工作者、学生、工人、企业等为下一个人机合作时代做好准备的各种方法之前，更好地了解一下对此应该抱有怎样的预期，或许会对我们很有用。请记住，虽然展望遥远的未来是件很困难的事情，也无法保证准确性，但是关于人机合作关系在接下来五年到十年中会取得怎样的进步，我们可以做出有可靠根据的猜测。

颠覆式技术变革通常会历时数十年。不妨想想从磁带、光盘、MP3 播放器、智能手机到流媒体播放服务的演变。类似地，想想从大哥大、翻盖手机、配备键盘的手机、配备触摸屏的智能手机到最近配备语音界面的智能手机：其演变过程也是如此，每十年都会发生一轮全新变革。过去五十年中，每个十年的特点都是围绕一代技术对上一代技术的取代（或是以上一代技术为基础进行的改进），在非常广泛的领域涌现了许多例子。从音乐和媒体、消费电子产品、汽车、生产力工具到工业自动化，主要技术门类具有变革意义的转变往往遵循十年的周期规律。即便是第三代、第四代、第五代移动通信技术乃至有朝一日的第六代移动通信技术，似乎也会遵循类似的发展演进节奏。

> **颠覆式技术变革通常会历时数十年。**

那么，关于接下来十年中的人机合作关系，预计会出现哪些情况呢？以下是我们做出的十大预测：

1. 关于新技术对就业的影响，对未来人机合作关系的迟疑不决仍然会是一个理所当然存在争议的问题。困扰智能自动化技术，妨碍其获得投资以及被大众采用的主要问题仍然会是："机器会让我的工作遭到淘汰吗？"我们觉得，即使有了这本书（但愿别人也能喜欢它），这个问题在接下来十年中也没有绝对的答案。

2. 因为智能自动化技术让公司能够用更少的员工完成更多工作，至少就大力转向可自动化任务的工作而言，最容易受到影响的就业类别仍然会面临最危险的处境。最值得注意的是，自动化风险较大的职业包括制造业、重复性行政职能、会计、客户服务和金融服务职业。我们在下一章中提供了解决这个问题的方法，但是我们预计会有许多公司将自动化变成一项替换工作岗位名额的策略，而不是一项增强员工能力的策略。对于这一趋势，我们只能希望最大限度减弱和抵消它，而彻底消除它则是不切实际的。

3. 通过人机合作（包括智能任务自动化和来自人工智能的支持）增强人类的能力，这一方式将开始成为正当合理的替代方案，取代那些会造成失业的自动化技术。某些类别的工作很可能会迎来复兴，迎来新的黄金时代。我们指的是哪些类型的工作呢？最简单的识别方法就是寻找其主要痛点为"带宽"问题的职能部门。但凡被分配到某个职能部门的人员经常发牢骚，抱怨"工作时间不够用""如果能给自己造个克隆人就好了"，甚至"如果能马上换个地方就好了"，这个职能部门就很有可能进入候选行列。这类工作最有可能立即将智能自动化工具和人工智能变成人机合作关系。我们将在本书中更深入地探讨这类工作岗位都有哪些，但我们现在可以告诉你，这类工作岗位包括教育工作者、警察、维修人员、销售经理、医务人员、新闻编辑、项目经理、企业高管以及内容创作者，等等。

> 随着新的人机合作关系类型出现，
> 新的工作类型也会自然而然地出现。

4. 随着新的人机合作关系类型出现，新的工作类型也会自然而然地出现。我们对此给出的理由是：我们新制造的每一台实体机器都需要专门的工程师、编程人员、维护技师和熟练操作人员。类似地，每一台新的虚拟机（无论仅仅有资格作为软件，还是更具体地作为云计算解决方案、雾计算解决方案或边缘计算[①]解决方案）也需要专门的工程师、编程人员、维护技师和熟练的操作人员。简而言之，世界将需要一类全新的工种，他们能够发明以人机合作为中心的新产品，要么能够对以人机合作为中心的产品进行细微调整，要么能够与智能自动化产品进行合作。虽然其中一些工作或许看起来很像如今已有的工作，甚至可能连命名都是相似的，但是我们可以充满信心地预测：它们的执行方式会和今天大不相同，并且会远比今天更加以人机合作为中心。其他新工作可能还包括全新类型的角色，比如人工智能伦理学家、人工智能偏差调解员。

5. 随着人机合作关系在接下来十年间将嵌入我们的日常生活，被这一转变触及的所有人都会变成实践层面上的技术专家。无论人工智能界面变得多么直观、多么接近真人对话，人机合作关系都是一个更深入、更丰富的多层次领域，需要我们大大提升对相关技术的了解程度、熟练程度和知识积累——这些技术就在我们身边，使

[①] 边缘计算，是指在靠近物或数据源头的一侧，采用网络、计算、存储、应用核心能力为一体的开放平台，就近提供最近端服务。其应用程序在边缘侧发起，产生更快的网络服务响应，满足行业在实时业务、应用智能、安全与隐私保护等方面的基本需求。——编者注

我们能够在上班时和下班后执行各种日常任务。这场文化上的转变很容易被掩盖，但是我们觉得有必要重点强调它，因为它是人机合作关系的发展之本。随着我们适应这场转变，变得越来越依赖于人机合作，事实情况是：我们会教机器做出更像人类的行为，同时也会进行自我训练，学会如何更好地照顾机器以及教会机器帮助管理我们的日常生活——这个事实具有极其重要的意义。

6. 语音会取代键盘和打字，成为人机交互界面。尽管也有手势、眼动追踪和其他类型的界面，但是语音和自然语言将成为下一代键盘。

7. 智能自动化、机器学习、深度学习和人工智能不但会逐渐渗透到各项商务职能中，比如时间管理、任务管理、通信、协作、研究、数据处理、生产制造、质量控制、预测性建模，还会逐渐渗透到工作以外的各项活动中，比如购物、通勤、烹饪、医疗保健、健身等。由于我们预计其中大多数技术都会让其用户觉得既自然不突兀又具有适应能力，因此这些类型的技术应用会有助于技术用户转向"老管家"型产品和服务。

8. 人工智能会推动下一代物联网产品和解决方案。从智能摄像头和智能麦克风，到智能建筑和智能电网，接下来十年中，大多数"笨蛋物体"都会变得智能起来，然后变得越来越智能化。我们已经可以看到驾驶辅助技术如何为全自动驾驶车辆铺路。类似地，如今的智能家居产品也在为能够进行自我管理的全自动住宅铺路。所有可以变得智能化的联网物体都可以并且将变得更智能、更自动、更善于像人类一样与用户进行互动。

9. 将无处不在的人工智能以及语音相结合的新界面会开始淘汰旋钮、控制杆和按钮等传统模拟界面。接下来十年中，机械电灯开关、房屋钥匙、电视遥控器和电脑键盘等将开始退出历史舞台，而全新一代顺畅无摩擦、采用语音和手势控制的界面将兴起，用于烤箱、电冰箱、洗衣机和除草机等家电。这标志着我们不但在技术创新方面即将迎来拐点，在整体文化方面也是如此。几百万年前，我们的灵长类动物祖先开始踏上进化之路，最终成功进化成我们今天的样子，这在很大程度上得益于他们的对生拇指和灵巧的触觉；如今，我们将开始像使用双手一样频繁地使用声音与环境进行交互——这一转变非同小可。这个拐点意义深远，值得单独拿出来讨论一番。

10. 数据安全和隐私会继续在数字化程度越来越高的世界中带来巨大挑战，但是我们相信这一领域会变得清晰明朗起来。原因有三点：一是联网的摄像头、麦克风、传感器等设备数量激增，加上对云存储和云计算服务的巨大投资，有理由让数据安全和数字隐私专家多睡不少安稳觉；二是边缘计算和人工智能会变得远比现在更智能、更强大，发现威胁时可以同步创建全新的成套解决方案；三是区块链技术与无处不在的深度学习算法结合使用，并结合边缘计算和雾计算人工智能，有朝一日也许能提供远比如今市面上现有安全措施更有效的黑客防御手段，但我们还有很长的路要走。因为这些防御手段会同步存在于云端、网络、网络节点级别上以及设备内部（数据采集点），所以对于用户来说，那些让我们容易受到黑客攻击的人机合作关系类型会变得远比当前更安全，但是我们也许在接下来十年的大部分时间里都暂且达不到这样的程度。

未来十年的人机合作

可证实的事实、趋势使我们能够成为卓有成效的商业技术分析师，而为了以这些信息为依据，我们往往会避开关于未来的空想预言——这类预言常被称为"未来主义"。（我们爱看科幻小说，但也同样偏爱科学事实。）这意味着，我们对接下来十年以后人机合作关系未来情况的预测按理说会比较简短也比较谨慎。然后，我们觉得以下几个技术和人机合作关系趋势将在未来十年及以后相当长的时间里继续发展变化：

1. 人工智能就是人机合作关系的未来——一个很好的理由是：既然我们已经知道了如何将机器智能化，我们就不大可能眼看着机器变得更笨。它们只会变得越来越智能化，而它们的功用和价值都取决于它们的智能程度。

2. 未来数十年内，20世纪的教育模式会开始发生根本性变化。我们如何看待教育、如何构建教育体系、如何对教育进行投资、如何提供教育，关于这些问题，答案会变得越来越个人化、移动化，而且技术会在其中起到越来越大的推动作用。

3. 随着智能自动化技术发展变化，工作性质也会发展变化，20世纪的"工作培训"模式也会发生根本性变化。

4. 从发生颠覆式变革的部门失业的工作者不应指望普遍性基本收入保障能够拯救自己，尤其是在形势变化多端并且历来不看重经济安全网的大型经济体中。

5. 尽管你可能听过许多寻求关注的未来主义者这么说，但是"工作末日"不大可能会是人工智能革命的结果。因为在大多数现代化程度高的资本主义经济体中，消费者支出都是至关重要的经济命脉，所以智能自动化大规模取代人类工作者最终会成为自取灭亡的经济模式。至于每个国家和地区的经济会在失业率达到怎样的阈值时开始出现停滞或衰退，这个问题还是交给经济学家来讨论吧，但无论这个阈值是多少，它都会让大多数国家和地区不可能出现"工作末日"——至少在接下来几十年时间内不可能出现。

6. 虽然接下来几波颠覆式数字技术变革不大可能引发"工作末日"，但是在接下来几十年间，工作性质一定会发生意义深远的转变。我们已经在许多方面看到这一点初露端倪，包括灵活的工作时间、移动办公、新型协作工具、独立承包人群体的崛起，以及垂直层级模式日渐式微成为各行各业的常态。从要求员工在场、采取垂直管理层级、上下班时间严格死板、采用本地技术解决方案的传统模式，转变成机动灵活、移动便携、"随时随地都能与任何人协作"、如今备受精通数字技术的组织青睐的运营模式，只不过是开了个头而已。

> 未来数十年内，20 世纪的教育模式会开始发生根本性变化。

人机合作对企业来说意味着什么

为了以正确的方式探讨上述变化对企业来说意味着什么，我们来分别看看大型企业和中小企业的情况。

大型企业

2015 年以来，"数字化转型"这一术语成了大型企业生态系统中一项势在必行的战略。虽然偶尔会有一些愤世嫉俗的企业管理人士将它称为流行语，但事实情况仍然是："数字化转型"非常准确地描述了当今企业为了保持竞争力而需要进行的调整。在越来越以数据为主导的企业生态系统中，未能进行数字化转型的组织会面临失去竞争力的切实风险。无法根据变化做出相应调整的公司通常会被逐渐淘汰。

我们自己对这件事情的研究表明：2015 年到 2018 年，那些难以或未能跟上行业内数字化转型进程步伐的公司与数字化程度较高的对手相比，竞争力更低、员工流失可能性更大，并且对未来前景的信心远低于后者[1]。反之，那些跟上或超过了行业步伐的组织在报告中表现出了比做出相应调整之前更强的竞争力，并且更有可能创造更多工作岗位，对未来前景的看法也积极得多。

> **无法根据变化做出相应调整的公司通常会被逐渐淘汰。**

我们目前所说的"数字化转型"，不只是企业最新一轮针对新技术进行相应周期性调整的迭代过程。这一轮调整不同以往的地方在于，它一下子涉及了太多转型技术。企业不是被要求从打字机转变成个人电脑，或是从目录邮购转变成线上商务，而是被要求同时针对各项全新技术进行调整，并且从根本上改变其业务的方方面面——一切都要同时进行。这是人类历史上前所未有的事情。

目前尚不清楚我们是否应该将企业进行的下一轮技术调整浪潮称为"技术转型"或是别的什么东西（我们投资别的东西），但在目前来看，在可预见的未来（直到企业度过了这波颠覆式技术变革和调整），我们将继续称之为数字化转型。

为什么我们觉得提出这一点很重要？因为即将到来的人工智能革命将推动人机合作关系进入新时代，也是数字化转型的下一个篇章。因此，只有那些已经成功针对当前推动世界各地数字化转型的每一类新技术进行了调整的公司，才有能力充分利用即将到来的一轮以人工智能为中心的颠覆式变革浪潮。反之，那些未能在接下来五年内进行数字化转型，或者未能跟上其各自所在行业数字化转型步伐，将无法整合那些由人工智能驱动、将推动人机合作关系进入新时代的技术（比如智能自动化、深度学习和复杂预测性建模），从而会在市场中处于大大的劣势。

我们对大型企业的建议是：

●加速实施数字化转型举措。如果企业尚未走到这一步，那么现在就要行动起来。要提高数字化转型的优先级。这件事决定了企业的存亡。

●开始与各个部门的主管就人工智能进行对话，因为人工智能不仅会推动企业数字化转型之旅的下一阶段，还会决定企业的未来。我们将在第四章中深入探讨。

中小型企业

影响大企业的所有因素也同样适用于中小企业，但是中小企业面临的挑战有所不同。大企业为敏捷性、速度、规模等问题头疼，而中小企业往往苦于"带宽"和预算问题：需要完成的工作那么多，而人手本来就捉襟见肘——在这种情况下，谁还有时间来推动数字化转型以及全面了解新技术呢？

产能短缺往往还伴随这样一个事实：大多数中小企业甚至没有首席数字官或首席技术官，也没有人负责公司的技术路线图，更不用说变革管理路线图了。我们非常理解为什么许多中小企业一直这样运营，也非常同情这种在安排运营事项优先级时只顾得上眼前而顾不上考虑下一步的情况。而实际上，中小企业对于这个事实除了马上开始认真对待也别无选择。稍后再"追赶"就来不及了。如果你经营着一家中小企业，并且计划到 2028 年时仍在营业，那么现在就必须开始成为一家属于 2028 年的企业。

如果这意味着需要聘请首席数字官，那就这样做。如果这意味着需要聘请顾问或专业承包商来管理你们公司接下来三年中的数字化转型事宜，那就这样做。如果这意味着需要参加技术会议，以便更好地了解新型数字技术将如何重塑企业界、造就技术驱动的新世界，那当然要这样做。你需要不惜一切代价，立即行动起来。完成数字化转型后，就要开始关注人工智能将如何在不远的将来让你的公司能够与《财富》榜上公司展开竞争——这才是真正的回报。中小企业的一线希望在于，解决方案就在眼前：如果产能成问题，而智能自动化技术正是旨在帮助公司解决产能问题，那么对于你的产能问题，解决方案就是尽快将智能自动化技术引入公司的各个职能部门。你越早开始这个过程，就能越快地感到产能和运营"带宽"方面的挑战不再那么让你束手束脚。

人机合作对工作者来说意味着什么

即将到来的人工智能革命将开启人机合作关系的新纪元，不仅会转变我们的工作方式，还会转变我们对工作的看法。

传统定义中的"白领"和"蓝领"工作预计会转变成融合两者要素的高度混合型模式。我们还预计，对"STEM[①]"工作的需求会有所增加，技术含量和薪资水平略逊于前者的"轻 STEM"工作也必然会兴起，还会出现一类全新工种——我们将其称为"未来领"工作。我们将在第五章中深入探讨这个主题，但在目前来看，你得意识到：我们从小到大再熟悉不过的传统工作分类将在下一个十年快要结束时发生根本性的变革。

这场变革预计会对就业性质产生重大影响。我们所说的不仅仅是传统全职员工模式（20世纪的主要模式）变成已经兴起的"零工经济"这件事，但这无疑是这场变革中的一个方面。例如，"婴儿潮一代"（20世纪40年代中期至60年代中期出生的人）在其一生之中只为一两家公司工作的情况并不少见，事实的确如此。在"X 一代"（20世纪60年代中期至70年代末出生的人）中，这个

---

① STEM 是科学（Science）、技术（Technology）、工程（Engineering）、数学（Mathematics）的首字母缩写。——编者注

数字增加到六家以上。到了"千禧一代"（20 世纪 80 年代初至 90
年代末出生的人），这个数字在他们退休之前也许还要增加 2 倍（假
设"退休"这个概念会比"X 一代"存在时间更长）。而对于"千
禧一代"之后的世代，"被聘用"这个概念也许很快就会变得像天
外来物、前朝遗物一样稀奇，就会像办公室格子间和传真机一样被
淘汰。

随着人类学会通过人工智能辅助的新型人机合作关系增强自己
的生产力和能力，我们还预计，我们对于"工作"的定义也会发生
变化。例如，一位工作者可能会将大部分"繁忙工作"外包给机器
人和智能自动化解决方案，从而只需不到 2 小时就能完成过去要用
一整个工作日（8 小时）才能完成的任务。那么，她会用自己收获
的 6 小时来做什么呢？

她会用这些时间来完成更多工作并让产出翻两番不止，还是会
用这些时间来陪伴家人？她会在接下来每 2 小时均为其他公司做完
全相同的工作，最终拿到 4 份工作的工资吗？她会利用这些时间来
学习新的业务技能、进行艺术创作、在当地慈善机构做志愿者、为
成绩不佳的学生做家教、撰写小说、为医学研究作出贡献、帮助解
决紧迫的环境问题吗？

我们已经开始看到，在先进的新型人机合作关系得到增强之
后，工作的性质可能会发生根本性的转变，进化成远比现在西方经
济体中占据主导地位的"全职""兼职""合同工"更复杂、更微妙、
充满更多可能性的模式。

传统就业模式式微，加上能够造就全新人机合作关系类别（我
们刚刚暗示过它们会带来怎样的结果）的复杂技术得到普及，由此
可能会催生出一个黄金时代，其中充满了创业精神、自由联合协作
以及加速诞生的无限微创新。

● **创业精神：** 工作者可以使用复杂的人工智能构建虚拟团队，其中每个人工智能都能够独立执行复杂的专业任务——一旦意识到这一点，工作者可能就会意识到：自主创业比给别人打工更明智。许多创业者起初可能是因其所在行业发生变革而被迫走上这条路的。

● **自由联合协作：** 有了众多创业者、个体承包人、刚刚获得空闲时间的高技能专业人才（得益于其个人的人机合作生态系统的效率），以及在多个社交平台和数字平台上将我们所有人联系在一起的数字"结缔组织"，在各种各样的个人兴趣项目、社会事业以及大型协作式计划上自发开展有机协作的潜力会呈指数式增长。

● **加速诞生的微创新：** 那么多人都能享有大大增加的"带宽"以及通过复杂人工智能助理和深度学习工具得到增强的能力，于是他们会顺理成章地至少将一部分精力用来解决自己和别人的问题，而这类解决问题的举措一波又一波进行，很快就会汇成由易于实施的个性化创新（即微创新）构成的汪洋大海。

换句话说，我们认为人工智能革命对于当今工作者来说更像是一个涌动着机会的旋涡，而不是对其经济保障的威胁，但是正如我们将在第五章中看到的，要想将这些可能性变成可实现规模化的现实，我们还有很长的路要走。在未来几十年中，我们面临的最大挑战之一是如何确保提供公平开放的培训、技能和技术获取途径，以便让社会中的每个经济层都能够既为下一波人机合作关系作出贡献，又从中受益。

人机合作对教育和职业培训来说意味着什么

第六章会专门详细回答这个问题，但现在也许正是开始思考以下问题的好时机：为了帮助我们成功推进转变，教育机构必须扮演怎样的角色？

　　我们应该承认，教育和培训好比一枚硬币的两面，因此它们既有所不同又形影不离。这意味着，我们不能再将教育和职业培训作为需要从彼此完全分开运营的机构获取的彼此脱节的功能来对待。教育和职业培训必须靠得更近。虽然我们必须非常注意避免将两者彼此混淆，因为它们服务于非常不同（尽管相辅相成）的目的，但是我们必须设法加强它们之间的联系。教育与职业培训脱节的现状已经无法很好地服务于我们的劳动力，并且肯定不是为了帮助任何人为其需要自然而然地适应、培养和发展的那些人机合作关系类型做好准备。

　　这意味着，如果不改变我们接受教育和职业培训的方式，我们就无法适应由人工智能驱动并将人机合作关系融入正常生活中的新世界。为了正确应对即将到来的人机合作时代，两者都需要重新定义。

人机合作对消费者来说意味着什么

　　消费者将不得不应对颠覆式变革，这些变革发生在他们对日常活动的处理方式中，包括购物、支付账单、体验世界的方式，以及与周围环境进行互动的方式。

　　作为消费者，我们即将走进一个充斥着越来越多神奇事物的世界：自动驾驶汽车、会说话的电脑、智能住宅、随身无人机、自动化家用电器、掌上医疗保健助手……这是一种奇妙的体验，最初的体验者是那些买得起较贵的新设备和智能工具的人，然后随着这些新技术的成本降低，它们的价格变得更亲民，很多人都能享受这种体验。在接下来二十年，可能一切都会发生变化，从如何打开房间内的电灯，到如何购买和准备食物，都是如此。现在就连真空吸尘器和除草机都能自动运行。

这个神奇世界也有另一面：到处都是传感器、摄像头、麦克风、算法、数据、搜集资料并且可能具有侵犯性的技术——它们可能会被用来与消费者作对。没错，你的电视机可能会监视你。没错，你的手机可能会被用来跟踪你的动作和习惯。没错，即便是健康管理应用也可能将私密健康数据发送给你对其一无所知的第三方。因此，即使没有敲响警钟，数据安全和隐私的"二重奏"一般也不会偃旗息鼓。我们必须应对这个问题，并且必须坚持不懈地应对，直到搞定为止。

> **我们即将走进一个充斥着越来越多神奇事物的世界。**

下面，我们回过头来说说理解"老大哥""老母亲""老管家"之间区别的重要性：如果消费者对此有所理解，也就能理解要求使用完全属于"老管家"这一类型的解决方案有多么重要了，而提供这类解决方案的科技公司希望发展忠诚、持久、满意的客户生态系统和用户群。如果选择"老母亲"解决方案（或者更糟糕的情况是，接受"老大哥"解决方案），就无法像由"老管家"驱动的人机合作模式那样带来各种机会。

人机合作对科技公司来说意味着什么

通过将"老管家"与其替代方案相比较，我们的讨论可以顺利转入以下方面：为了保持竞争力，科技公司需要如何进行相应的调整？答案是成为领路人，率先推出"老管家"解决方案，以及能够推动积极、有价值、具有赋能作用的人机合作关系的产品和服务。

反之，什么做法会让公司在未来人机合作方面误入歧途？答案是开发"老大哥"这类解决方案。

我们还想到了其他一些挑战，后面的章节中会对它们进行深入探讨。我们重点关注的挑战之一，是如何设计解决方案。不妨这样想：工具就是工具。电脑和锤子一样，也是一种工具。工具有着特定的用途。事实上，用途范围很窄。锤子就是锤子，刀子就是刀子，汽车就是汽车。虽然一些工具可以服务于多种用途（工具越复杂，功能就越多），但是设计的局限性会造成用途的局限性。即便是配备了各种便利小附件的瑞士军刀，也只能服务于不太丰富的用途。但人工智能不一样，尤其是与物联网相结合，只需简单地将某种人工智能功能（基于边缘计算、雾计算或云计算）与不同设备连接，即可创建无穷无尽的用途组合。人工智能与物联网的结合可以创造出无限数量的人机合作用例。科技公司如果了解如何构建无限用例模式（本质上就是平台模式），那么与那些没有将互操作性和规模化作为设计目标的公司相比，就拥有了巨大的优势。

我们将在接下来几章中深入探讨的内容里，还有两个领域涉及在人工智能商品化的时代重新定义技术价值的挑战，以及以专业产品为中心和以平台为中心这两个公司建设方向的利弊对比。这两个主题在我们目前为止讨论过的所有内容中都处于核心地位，而科技企业解决这些问题的方式将塑造接下来几十年中人机合作关系的面貌。

第四章

企业如何迎接人机合作时代

十年数字化转型路线图

我们已经撰写了许多内容来介绍如何在数字经济中利用数字化转型求生存、谋发展，以及如何将技术驱动的敏捷性变成一种不会过时的模式 [1, 2]。

每家企业都要变成科技公司——这是势在必行的。信息技术部门在组织内部如同孤岛般"与世隔绝"的日子已经一去不复返。企业需要将一般性信息技术嵌入每个部门和每项业务职能，从微不足道的客户接触点，到至关重要的高层领导决策，都不例外。这不仅仅是一场运营方面的转变，还是一种思维方式。这种思维方式必须反映在企业形象中，并且必须通过每笔投资和每个决策得到明确体现。

换句话说，单是将信息技术搬出孤岛并嵌入营销、销售、人力资源和其他部门，这还不够。这场转变必须来得更加深刻：餐厅、汽车厂商、酒店、零售商和航空公司不能再将自己视为单纯的食品服务、制造业、酒店业、零售业和航空业公司。它们必须也将自己视为科技公司。

这不是选择的问题，不是一时的风潮，也不是反复无常的企业顾问扎堆追捧、人云亦云，让人听到想吐的流行词，这是现实。世界在变化，业务在变化，消费者需求和投资者预期在变化。接连不断的一轮又一轮技术平台浪潮将摧毁多种业务模式并取代它们。从物流和数据分析，到零售和医疗保健，一切都将重新设计。公司如果不明白这场转变在其各个运营层面上具有多么重要的根本意义，就挺不过经济向人工智能驱动转型的这轮浪潮。

迪士尼公司就是这方面的一个例子。长期以来，迪士尼一直是一家文化传媒公司，致力于创作内容和产品、吸引顾客以及设计非同凡响的体验。作为一个传统品牌，迪士尼懂得将主要精力放在提升顾客忠诚度和提供卓越体验上。此外，迪士尼也很懂数字和数据，并且深知技术不但可以解决问题，还能创造新的机会。几年前，迪士尼开始改进其数据收集和分析能力、投资为旗下乐园和酒店添置传感器技术和行为实时处理技术，并与科技公司开展合作，将物联网、机器学习、智能自动化、机器人流程自动化和人工智能集成到了最关键、客流量最大的业务应用中。

现在，迪士尼公司能够跟随在其旗下酒店四处活动的游客，跟踪他们的购物情况，将行为分析引入预测模型，在游客与演职人员之间开展个性化互动，然后将这一切变成神奇的体验，而这些体验反过来也转化成了良好的口碑、积极的推荐，以及居高不下的客户保留率、钱包份额、注意力份额，还有多代同堂的忠实顾客。虽然迪士尼的神奇之处始终在于公司文化、人事纪律、以客户为中心的实践以及对卓越体验的强调这几方面的结合，但是在如今的迪士尼公司的神奇体验背后，技术的魔力也起到了相当大的推动作用。演职人员知道你的名字，还能猜出你可能更喜欢哪道甜点，入住办理和付款流程顺畅无阻，智能化环境能够根据你的偏好做出反应和进行调节，营销通信内容既不讨人厌也不突兀[3]。迪士尼公司在很多方面都比过去做得更好，因为它现在成了一家科技公司。

同样地，从独立零售商到律师事务所，近年来也有不少小企业欣然接纳了各种新技术和新兴技术，用于保持竞争力、提升运营效率、降低成本和增加客户数量。房产中介已经开始利用虚拟现实（VR）技术和三维视频，为那些抽不出时间实地看房的潜在客户创建虚拟看房旅程。律师事务所开始依靠人工智能和机器学习解决方案来校对合同以及抄写笔记和证词。越来越多的零售商使用营销自动化技术吸引顾客到店，并使用人工智能工具对店内客流量和购买模式进行分析，以及管理库存并自动向主要供应商下单订购。

　　虽然大型企业与中小企业往往会通过不同的方式实现数字化转型和技术调整，但是如果企业既要求生存又想谋发展，那么技术调整目前显然是阻力最小的一条路线。我们为《2018 年数字转型指数》（*2018 Digital Transformation Index*）收集的数据表明：公司越快地针对新技术进行调整，颠覆式技术变革就能越快地变成机会、增长、市场领导地位、新创造的工作岗位以及对于未来更加积极乐观的看法[4]。反之，那些难以采纳新技术或将新技术引入其业务模式的公司更有可能痛苦挣扎、对未来抱有消极看法，以及报告称颠覆式技术变革害他们失去了一些工作岗位。虽然一些公司也许可以争辩称，抵制数字化变革的做法没有损害到他们的业务，也没有削弱他们的竞争力，但这样的公司只是少数。对于所有其他公司来说，与时俱进——特别是在技术方面与时俱进，是一项势在必行的战略，必须渗透组织中的每个层级和每个角色，从高层决策者到基层员工，都不例外。

　　在接下来十年内，我们将谈论的主要技术类别有：

- 云计算。
- 边缘计算。
- 机器学习。
- 认知计算和人工智能。
- 智能自动化（虚拟和实体）和机器人流程自动化。
- 无线连接。
- 物联网 / 工业物联网。
- 增强现实（AR）/ 虚拟现实 / 混合现实（MR）。
- 三维立体打印。
- 绿色科技应用（可再生能源、绿色环保建筑，等等）。

　　查阅这份列表时，你也许会很想了解特定的技术应用（比如自动驾驶汽车、智能住宅、陪伴型机器人和自我管理系统），而其中许多技术应用通常会将上述类别中的多类技术相结合：例如，自动驾驶汽车将云计算、边缘计算、机器学习、人工智能、智能自动化、机器人流程自动化、无线连接、物联网（或工业物联网）相结合，甚至很有可能结合某种混合现实技术。

企业转型三步走

第 1 步：明确技术类别

　　第 1 步是明确技术类别、对各类技术所解决的问题类型有一个基本了解，并以这些技术类别可能会为企业创造的机会类型为中心构建内部能力，从而拟定一份十年数字化转型路线图，以此帮助企业做好充分准备来迎接人工智能驱动的经济。

第 2 步：技术合作伙伴与业务职能部门

　　转型过程的第 2 步分为两部分。一方面，务必要确定并招募能够帮助企业选择、准备和部署特定技术解决方案的技术合作伙伴，可以是技术供应商，也可以是第三方技术使能者。另一方面，必须对每个将采用新技术解决方案的业务职能部门进行重新思考、重新设计和组织调整，以便适应新的技术能力。这一部分非常重要。数字化转型不是单纯地将新技术添加到已有的业务模式中，然后沿用以前的运营方式。相应的业务职能部门本身可能会不得不进行重大重塑和重组。

　　试想一下，某个发货仓库从固定货架、人工入库员、人工分拣员、人工打包员转变成一套采用自动化移动货架、人工入库员和人工打包员的系统。在这种模式中，人工分拣员（其工作内容是从货架上取下商品拿给打包员）被可以移动并可直接将商品交给打包员的货架机器人取代了。试想一下，为了容纳这种新模式，仓库必须重新设计仓库平面布局。试想一下，为了让新系统投入运行仓库需要增加的技术投资（云计算和边缘计算解决方案、内部软件和硬件解决方案、无线连接升级、增强数字安全，等等），以及为了让这种新模式顺利运行而开展的新技术、新规程专业知识的培训。

> **如果运用得当，技术能够带来真正的变革，
> 而不仅仅是锦上添花。**

　　这个例子概述了只是在某个业务生态系统中引入一个转型技术解决方案，就会让这个生态系统发生一定程度的根本性改变。还有许多流程也如此，例如，在招聘流程中引入人工智能工具，在出账、排程和营销流程中引入智能自动化和机器人流程自动化工具，在商业智能和决策制定流程中引入可视化和数据分析工具，等等。如果运用得当，技术能够带来真正的变革，而不仅仅是锦上添花。我们强调这一点是为了突出一件至关重要的事情：大大小小的组织都必须明白，本书通篇讨论的各种技术不应被视为业务的附属品或附加物。这些技术为它们所涉及的每个业务职能部门发生根本性演化转变奠定了技术基础。公司唯有了解并接纳这些内容，才能在为期十年的数字化转型路线图中的第 2 步取得成功。迪士尼公司做到了，越来越多的公司也做到了，其中包括宝马、全食（Whole Foods）、博柏利（Burberry）和美国西南航空公司。不过，数字化转型的成功秘诀在于与技术提供商和使能者合作进行实施。在这个过程中的早期阶段，公司无论在技术上多么

敏捷过人，如果没有建立正确的人机合作关系，也无法快速、大规模地予以实施。

第 3 步：公司演化

第 3 步是以之前取得的成功为基础，通过摩擦点进行故障排查，以及尽可能快地适应数字化转型之旅带来的挑战和益处。通常，公司演化到了这个阶段时，技术专家已经走出信息技术部门并融入每个业务职能部门。许多一度属于外部技术合作伙伴的专业能力已经迁移到内部员工身上，其中既有常规的性能管理职能，也有复杂的代码编写和定制技能。到了这个时候，决策者不仅仅了解其部门所使用的技术门类，还能熟练使用这些技术。公司能够远比以往更快、更轻松地识别、部署和适应新的技术解决方案。变革管理已经成了运营模式的一部分。敏捷性已经融入公司的运营文化。

公司在这个阶段经历的最明显的转变在于工作重点。虽然数字化转型在早期阶段往往会瞄准面向内部的目标，但是公司会开始将注意力转向外部。公司提出的问题不再是"我们如何才能提升运营效率""我们如何才能降低信息技术成本"，而是"我们如何才能吸引更多客户""我们如何才能增加收入"以及"我们如何才能增强竞争力"等。这种转变总是标志着公司在数字化转型之旅中进入了一个过渡期。

将变革管理原则应用于即将发生的转变

我们发现，在技术方面具有敏捷性的公司和在技术方面遇到挑战的公司之间存在六个至关重要的区别标志，它们是[5, 6]：

- 对于重大技术转变，领导层愿意承担较大程度的早期风险。

- 领导层围绕新技术快速开发新的运营模式和收入模式能力。
- 组织能够以较快的速度在内部扩大新知识和新技能组合的获取规模。
- 领导层有实施技术变革的能力（对员工进行授权和赋能，并最大限度减少干涉）。
- 愿意积极主动地与技术供应商建立合作关系。
- 有抢占先机的紧迫感。

如何才能将这些因素转换成可执行的结果呢？那些未能迅速适应变革的公司往往对风险持厌恶态度，不清楚如何将新技术转化为机遇（事实上，大多数此类公司往往将新技术视为威胁而不是机遇），无法（或者不愿）对操作人员进行培训和赋能，缺少至关重要的合作关系，并且缺乏紧迫感。相反，在技术方面具有敏捷性、具有很强适应能力的公司会采取更加类似于挑战者的运营模式：愿意接纳新想法，愿意通过低成本的快速试错来检验并了解某个想法在现实中的应用潜力，能够快速实施技术变革并变现，渴望比现有竞争对手更胜一筹。

> 在颠覆式科技和智能自动化大行其道的时代，
> "等等看"不是明智的业务战略。

也许敏捷的公司最为重要的特质就是它们积极主动的态度。它们不会坐等事情发生变化或成为主流。它们会寻求新出现的转变，并努力在业界率先发现、试验和驾驭这类转变。即将发生的智能自动化转变也不例外。如果公司想要在接下来十年中充分利用这场转变、最大限度避免被其颠覆并将其变成自己最大的战略性竞争优势，就必须尽早加大力度快速接纳它。在颠覆式科技和智能自动化大行其道的时代，"等等看"不是明智的业务战略；同理，"随大流"也不是明智的品牌差异化战略。企业要想在人机合作时代中吃到红利，就必须采纳上文列出的变革管理原则：过人的胆识、清晰的愿景、运营方面的敏捷快速。

由此转换成切实可行的运营建议，包括以下几点：

- 勇于承担重大技术转变（智能自动化和机器人流程自动化）的早期风险。
- 快速开发和测试新的（或经过改进的）组织模式和运营模式。
- 快速开发和测试新的赢利模式。
- 在内部扩大新知识和新技能组合的获取规模并加快获取速度。
- 对运营人员进行赋能，同时最大限度减少干涉。
- 积极主动地与技术供应商建立运营合作关系。
- 无论你如今计划在多长时间内完成适应过程，请将时间表缩短一半。

在自动化和增强功能之间找到恰当的平衡

要想避免投资错误的技术（或是避免将技术应用于错误的问题），头号法则就是：不要相信"自动化可以解决一切问题"。并非所有事情都可以自动化，并非所有事情都应该自动化，而且并非所有可以自动化的事情都应该自动化。抱着"如何才能将这项技术融入我们的业务"的想法来领导现代化工作是错误的做法。正确方法是思考以下问题：这项新技术可以解决哪些问题？以该技术的总体成本来解决这些问题是不是值得？该技术还可能会带来哪些风险和机会？

　　在不同的行业或组织中，上述问题的答案也各不相同。连锁餐厅对于自动化和增强功能的需求和医院不同。即使在同一个复杂的组织中，信息技术、营销、生产、财务、运输、分销、人力资源和工程部门对于自动化和增强功能的需求也大不相同。因此，企业无法套用任何单一方程式来解答上述问题，没有黄金比例，没有"二八法则"。每一个案例都是独一无二的。

> **不要相信"自动化可以解决一切问题"。**

　　一些自动化方面的决策来得比较简单。如果与人类工作者相比，机器人或自动化系统每天可以生产的小装置数量更多，在一致性方面不相上下或更胜一筹，并且具有更高的成本收益，那么用机器人或自动化系统取代人类工作者就是合理的做法。一些任务纯粹关乎效率问题。创造力、洞察力、协作、抽象思维、问题解决能力和故障排查能力等人格特质非但与这些任务无关，甚至有可能对这些任务构成干扰。即使在自动化产品取代了一些工作岗位的情况下，抗拒这些任务的自动化也是缺乏商业意识的表现。如果企业达不到与竞争对手相同或者比其更高的效率，就无法保持竞争力；而如果无法保持竞争力，当企业由于对于市场的价值被削弱而开始走向衰败时，那些没有被自动化取代的工作岗位最终会导致企业丧失更多工作岗位。

　　诀窍在于对各种工作岗位和任务加以区分。如果你退后一步来进行观察，就会发现任何工作岗位都是由一系列任务组成的。某些任务可以自动化，还有一些任务无法自动化。一个工作岗位包含的可自动化的任务越多，这个工作岗位就越有可能面临风险；一个工作岗位包含的可自动化的任务越少，这个工作岗位上人类工作者的能力就越有可能通过选择性的自动化得到增强。例如：一名装配流水线工人在整个班次中的唯一一项任务就是将平行传送带上传送的两个零部件对齐，然后按一下按钮。但是，在同一座厂房另一个地方，一名工程师的日常任务可能包括设计新的零部件、验证质量控制样品的公差和尺寸、出席产品开发会议、批准新的装配图纸、面试新员工、作为导师为自己所在部门的初级工程师提供指导、与技术供应商会面、巡视生产车间、出席产品演示或机器演示、跟踪数十个进行中的项目的进度、起草月度报告、在公司库存系统中录入新的零部件、审核预算提案，等等。一些工作岗位仅包含为数不多的几项任务。还有一些工作岗位包含了数十项乃至数百项复杂的多层化任务。如果最终得到自动化的是任务而不是工作岗位，那么一个工作岗位看起来越像一项任务（或是数量很少的重复性任务），就越容易实现自动化。而一个工作岗位越是包含数十项需要错综复杂的多层化技能组合的复杂任务，实现自动化的可能性就越小。

"工作自动化"是错误的说法，也是对于自动化消灭工作岗位这一问题的错误思考方式。当我们谈到自动化时，无论有多么基础或是多么复杂，我们所谈论的始终都是任务自动化，而不是工作自动化——始终如此。

注意：如果在没必要的情况下强制实行自动化，或者强制实行设计不合理的自动化解决方案以满足对人类工作者特定任务的需求，所带来的害处可能会大于该任务完全不自动化的情况。我们当中许多人都在这样的公司工作过：这些公司的任务自动化解决方案和内部系统非但不能让我们的生活变得更轻松，最终导致的令人头痛的问题比它们解决的问题还要多，增加的工作量比它们减少的工作量还要多。

　　要想成功实现对人类工作者能力的有效增强，具有协作性、包容性的赋能式劳动力决策模型是必不可少的。我们可以看到，这种用户主导的技术采用模式已经体现在自带设备（BYOD）以及相应的自带应用（BYOA）政策中——越来越多适应能力强并善于为千禧一代着想的组织实行了 BYOD 和 BYOA 政策，通过这种方式减少运营中的摩擦，也让员工能够构建自己的协作及任务自动化生态系统。企业办公通信软件 Slack 和思科的 Webex Teams 等非常流行的协作应用抓住了这一趋势，已经为用户提供了许多虚拟机器人来帮助他们构建自己的任务自动化工作流程。企业可以从中学到的是：当员工能够在工作中使用自己的设备时，一些在数字方面敏捷机灵的员工会自发地设法通过智能自动化来增强自身能力。如果组织学会了发现这种行为，可以通过两种方式进行适应：一是聘用和培养在数字方面敏捷机灵的员工；二是重新思考自己采取的信息技术方法。

信息技术和人力资源：内部协作开启全新篇章

　　如今的信息技术部门运营模式基本上有两种：中心化和去中心化。中心化信息技术部门很像对组织内部所有技术解决方案进行指挥控制的孤岛。去中心化信息技术部门采用更加扁平化、网格化的组织结构，能够融入组织的各个业务职能部门中，并以更细化的方式与运营人员进行合作。去中心化信息技术模式未必意味着组织的技术职能团队不会理睬从信息技术经理到首席技术官的各级领导者。该模式只是意味着，融入各个业务部门或是临时承担支持技术解决方案任务的信息技术人员可以独立自主地准确提供客户所需的技术解决方案类型，并且能够以客户所需的形式提供。

在数字方面具有敏捷性的公司能够快速测试并适应新的技术解决方案、加速获取新知识和新的内部技能组合、对运营人员进行赋能、最大限度减少官僚主义干预和障碍，以及在整个组织内扩大技术采用规模——这方面的能力可以追溯到去中心化信息技术方法。通过信息技术部门去中心化以及信息技术专业人员入驻组织内的各个部门，每一名信息技术专员都可以变成其与之协作的每个工作职能部门的技术支持代理人。这意味着，信息技术部门不会从运营人员的日常需求和痛点中淡出，而是会与运营人员并肩奋战，能够清楚地看到哪些技术解决方案最有用、最有效、可部署性最强。

这表明，去中心化信息技术部门应该积极主动地寻求新方法，通过智能自动化和机器人流程自动化解决方案来增强人类工作者和人类团队的能力。换句话说，他们不应该坐等有人来请求他们解决问题，而是应该向他们与之合作的团队推荐有望提高运营效率和改进结果的新机会。信息技术部门与其所服务团队之间关系的这种转变会体现在信息技术部门的新角色上——这个新角色既是技术支持者，又是技术顾问。

必须将信息技术视为业务的核心驱动因素。

以下介绍这种思维不同于常规思维的地方。斧子（Fuze）公司在 2017 年发布的报告《首席信息官是如何塑造未来工作方式的》（*How CIOs are Shaping the Future of Work*）指出，大多数组织仍然将大多数信息技术部门视为成本中心[7]。这一点体现在领导团队年复一年地向信息技术部门下达的最常见的目标中，这个目标就是：削减成本。虽然技术对业务的推动作用比以往任何时候都要大，而且技术投资最终会推动绝大多数通过智能自动化实现的运营效率提升，但是大多数企业领导者都没能将信息技术部门视为蕴藏着巨大机会的金矿。因此，他们没能以应有的主动程度投资信息技术部门的预算。结果就是，信息技术部门不是被要求积极主动地帮助其所服务的公司对业务发展和战略愿景加以引导，而是最终会降级为被动待命的技术服务型职能部门。在这个颠覆式技术变革大行其道的时代，这种将信息技术部门视为成本中心的世界观已经与当今的业务成功之道格格不入。

解决方案是：必须如实地将信息技术视为业务的核心驱动因素，而且在组织应该如何规划未来这件事上，首席技术官的见解应该被放在与首席运营官同样重要的位置。信息技术部门的角色必须演化为附属于每个业务职能部门并融入其中的专业人士，其工作内容是为人类工作者和人类团队提供相关建议、支持和指导，帮助他们朝着自动化与增强功能的最佳融合方式演化。

人力资源部门与这件事有什么关系呢？首先，公司要想具有敏捷性，就需要重新思考其聘用和培训员工的方式：主要根据工作经验和专业技能组合来聘用人才的日子已经结束了。在求职者选拔过程中，人力资源部门如果不能认识到韧性、适应能力、创造力和主动性等人格特质的重要性，就无法为组织配备那种敏捷机灵、积极进取、富于创新、善于解决问题的人才——为了适应接连发生的一波又一波颠覆式技术变革，具备技术能力的公司需要这类员工。组织如果不雇用敏捷机灵、适应能力强的员工，就无法将敏捷性和快速适应能力融入运营。道理就是这么简单。

其次，在日新月异的市场中，扩大技能获取和培训的规模对于组织快速适应颠覆式变革的能力至关重要，人力资源部门必须更加积极主动地开发内部培训和技能提升计划。此外，他们也必须更加勤于分析他们在组织中服务的什么人在什么时候需要什么样的培训。比较准确地确定每一名员工的技能和知识差距，就像提供培训本身一样，对于组织的成功至关重要。

在大大小小的企业组织中，人工智能、深度学习和智能自动化可能会在以下方面大有用武之地：通过分析人类工作者的技能组合、确定什么人可能会需要什么样的培训、创建（或选择）培训计划以满足这些需求，以及向每一名员工提供相应的培训，可以在几乎无须进行人为干预的情况下消除技能差距——这些差距可能会拖累组织快速适应变革以及将新的商业需要融入运营的能力。

许多组织已经开始进行相关测试，希望在对这一过程提供支持时，通过游戏化机制提升员工参与度、让员工意识到工作场所有哪些资源可以任其支配，以及激励他们参与更多培训和技能提升计划[8, 9]。这种模式仍然方兴未艾，并且尚未得到应有的积极关注，但是公司如果可以对这种模式进行投资并重新思考自己的员工培养方法，并且以同样的思路重新思考如何优先考虑最终聘用人选的特质和软技能，那么这样的公司就能胜过那些没能将敏捷性和持续的技能构建融入自己的运营模式的公司。

企业应该优先考虑哪种类型的人机合作关系

每家企业和每一位人类工作者都需要应对自己的一系列与众不同的运营挑战，因此，在这个节骨眼上概述每个行业、每个角色中可能会出现的每一种人机合作关系用例是不切实际的。为了回答这个问题，我们必须考虑具体行业、个别企业以及每一名人类工作者的详细情况，确定相应的人机合作关系可能会有助于应对哪些挑战和机遇，并优先考虑它们。即便如此，优先考虑这些挑战和机遇可能会颇有难度，因为对企业来说，最重要的那些挑战和机遇或许暂时无法通过智能自动化来应对。换句话说，企业可能会不得不优先考虑现阶段切实可行的事情，而不是优先考虑可行性暂时不是很高的事情。下面列出了一些人机合作关系的例子——大大小小的营利和非营利组织都应该以这些人机合作关系为起点，思考如何在未来十年中增强其人类工作者的能力。

会计和财务规划

智能搜索算法可以增加一名会计能够管理的账目、归档文件和记录的数量，因为这些算法能让会计对数百万页文档和电子表格进行筛选，从而标记出通过人工检查要花数千个小时才能查出的错误。如果一名会计的能力通过这项功能得到了增强，那么这名会计就能腾出时间来专注改正错误而不是查找错误——通过这种方式利用技能娴熟的专业人士的时间，可以大大增加产出。

此外，人工智能还可以就如何改正每个错误提出建议，或者可以提出多个备选解决方案，以便帮助会计快速挑选出最佳方案。

推荐引擎可以提出备选的归档文件或会计机制，以便更好地利用某些可能一直没能得到充分利用或是一直被忽视的账目。类似地，人工智能可以识别出效率低下的财务领域、标记出表现不佳的账目或业务部门，以及推荐纠正措施和各种补救措施。

和大多数人机合作关系一样，经验丰富的专业人员负责确保各种智能自动化工具根据需要有效运行，做出所有与账目相关的高层决策，并最终负责通过主观判断对这些决策做出预测。这种人类与机器之间的平衡关系是组织应该追求的努力方向。

农业耕作

将物联网、机器学习、机器智能以及智能自动化相结合，可以帮助农民监测降水量、农田含水量、地表温度、风速、地表蒸发速度以及天气变化，还可以在以下情况下向农民发出警报：出现环境污染和虫害；设备和资源可能遭到破坏；设备、牲畜或粮食可能遭到偷盗；出现会损毁庄稼的天气事件，等等。这些技术可以帮助农民获取与其耕种的每一寸农田有关的实时信息，还能帮助他们对投资活动和资源使用情况进行优化，从而实现最佳结果并减少浪费。

此外，智能自动化和机器人流程自动化还有望让耕作设备实现自动驾驶，而物联网和数据分析也可以帮助牧场主跟踪和管理牲畜、监测牲畜健康状况、优化牲畜生长情况并制订牲畜销售计划。

无人机和其他自主式机器人也可以全年为那些缺少人力的农民赋能，让他们能够监测大块土地、完成重体力劳动、运输重物或是执行重复性精确任务。

商业管理人工智能产品还可以帮助农民进行财务管理；提醒他们注意可能存在财务、法律和监管风险的领域；根据需要推荐纠正措施；突出强调他们可能没有考虑过的机会；密切关注全球大宗商品市场行情和贸易政策变化，留意相关机会和威胁；密切关注他们可能会有兴趣进一步了解的设备和土地销售；以及推荐他们可能不曾考虑过的最佳实践方式和新技术。

企业管理

人工智能可以协助决策者根据提示进行搜索以及主动进行搜索，为他们快速提供所需的数据、信息，从而减少他们可能会由于自己进行搜索或是等待真人助理找到这些东西并告知他们而浪费的时间。

人工智能可以按照编写好的程序自动收集、合并、整理和分析数据，还能将它们转换成交互式仪表板上的可视化内容，以易于消化、易于使用的方式为管理者和决策者提供所需的信息。

预测分析引擎可以根据现有数据和模式分析算法创建前瞻性模

型，从而帮助决策者检验和了解决策对未来绩效的潜在影响。这些决策包括技术投资、产品发布日程、广告购买以及兼并和收购，等等。

推荐引擎可以帮助企业领导者和管理者简化决策流程、加快解决方案的制订速度以及改进结果。此外，商业分析人工智能产品还可以承担根据行业、经济和社会文化趋势识别隐藏商机的任务。

机器人流程自动化软件还可以持续收集来自多个项目团队和业务部门的数据，让业务经理能够以直观方式实时了解其所负责业务的各个方面。这些仪表板可以关注近乎无限多个各种各样的项目，包括项目时间表、预算支出、维护日程安排和事故报告，等等。组织中的每一位管理者都可以利用机器人自动化流程来创建与他们需要了解的任何信息有关的仪表板，包括销售、生产、运输、库存和设备停工，等等。

此外，智能自动化技术还可以衡量业务绩效或员工绩效，并标记出表现优异者、表现不佳者以及（根据趋势来看）可能会变成表现不佳者的风险要素。推荐引擎还可以协助管理者确定纠正措施和补救措施。

有一件事情具有特殊的讽刺意味，那就是机器人流程自动化技术还可以为成效低下、表现不佳的管理者收拾残局。例如，机器人流程自动化技术可以用于提前数天乃至数周自动安排小时工的班次（而不是到了最后时刻才最终确定排班日程表），这样可以给员工留出更充裕的时间来规划育儿、学校和家庭事务的时间分配，以及对其他职业职责进行平衡[10]。在发布排班日程表时预留充足的时间，这是运营方面一项非常简单的改进，但也能够缓解排班日程表带给员工的压力，而企业可能会由此改善员工的流动率、士气和敬业度。引人深思的是，如果要对人工智能和机器人流程自动化可以在你的企业派上哪些用场进行头脑风暴，在管理不善的情况下（很多情况下都是因为企业存在管理不善的问题），寻找通过自动化改进管理不善的业务流程和结果的方法，是个不错的起点。

城市管理和规划

人工智能解决方案配合三维虚拟化引擎，可以帮助城市规划师和城市管理者准确预测公用事业和基础设施在当前以及未来面临的压力，使他们能够确定相应的关键改进措施并为此制定预算和做出时间安排。

人工智能解决方案和三维虚拟化引擎可以在交通运输投资与升级、商业建造项目、公共空间扩建、区域划分、公共安全、公用事业改进措施、用于最大限度减轻交通拥堵的行人通道等方面提供协助；还可以改进公共服务、增加绿地和公园占地面积、提高城市整体能效、促进应急服务便利化、提升无线网络连接服务的性能、在人流密集区域提供可靠的高速宽带上网功能，通常还有帮助制订为城市未来需要的投资建设做好准备的改进计划。

此外，分析工具和预测建模算法还可以帮助城市管理者测试各种税收机制、地方法令和法律对相关数据变化的影响，以及如果没能投资某些关键技术和基础设施改进措施的话，可能会产生哪些成本。

借助智能自动化和机器人流程自动化技术，人类城市服务管理者还可以对复杂的基本系统进行监督，而不是进行手动控制。这些基本系统包括交通信号灯、停车计时器维护、垃圾控制以及应急响应，等等。

最后，机器人可以协助人类工作者完成多种任务，包括垃圾收集、绿地维护、公共交通、道路安全以及犯罪预防，等等。

建造和装配

在需要举升、拖动和操纵重物的建造工作中，以及某些情况下在切割和装配等高精度工作中，机械外骨骼和动力服或是专用机器人可以增强人类工作者的能力。机器人砌砖工能够以激光般的精度帮助人类泥瓦匠砌砖。机器人木匠能够在几秒内完成精准的切割，只需一次即可成功，并且不会让其负责协助的人类工作者受伤。机器人水管工有朝一日可以在聚氯乙烯（PVC）管道和压力测试系统中完美安装接头，所用时间只有人类水管工完成相同工作所用时间的零头，并且出错更少。再说一遍，将机器人引入各种工作不是为了取代人类工作者，而是为了协助他们、提高他们的工作效率，以及让他们能够腾出时间来专注具有更高价值的任务。

通过使用专用机器人来减少人类完成相同工作所用的时间，专业工人可以更快地完成工作。对于大型项目来说，这可能意味着每年完成 30 个建造项目的能力与每年完成 70 个建造项目的能力之间的区别。对于规模比较小的工作来说，比如上门维修，技能娴熟的工匠如果借助专业机器人增强了自己的能力，就有可能将这种效率上的提升转化成每日上门维修次数的增加。例如，如果一名能力得到增强的水管工能够每天完成 20 次上门维修，而不是只有 12 次，那么这名水管工可能会由于能够增加收入和胜过竞争对手而改写行业规则。

此外，人工智能产品还可以帮助人类通过尽可能少的信息输入对建造项目进行规划和管理，从而使人们能够腾出更多时间来拨打电话、达成交易、检查工作情况、监督工作现场、与客户沟通并解决问题，以及专注只有人类才能在如此纷乱易变的环境中巧妙应对的工作。

娱乐

人们可以教会人工智能产品编写剧本和作曲，可以教会人工智能产品创建视觉效果、增强图像和声音、无缝拼合图像、同步音轨和媒体层、将视觉效果和对象整合到场景中、渲染复杂的纹理，以及实现以假乱真的效果。娱乐产业中已经出现了由美术师、程序员和数字内容编辑构成的全新视觉效果生态系统。

再说一次，我们的思路不是用机器取代人类，而是增强人们在各自行业中的能力。几十年前，娱乐产业中的大多数视觉效果都是模拟效果。美工绘制出场景和背景，化妆师为演员上妆，假肢和机械效果都是家常便饭。这些方法非常耗费人力，开发和创建过程成本高昂，拍摄前的准备工作非常缓慢，而且呈现出的效果也不是特别令人信服。如今，通过与复杂的设备以及越来越智能化的算法合作，技术美术师可以创建出十分逼真的世界、生物、虚拟肢体以及效果，同时不会扰乱主要的摄影和拍摄日程安排。

未来，我们预计会看到更多由人工智能产品生成的剧本、广告、音乐、歌词、视频和其他内容，我们还预计这些"创意"人工智能产品功能最终会被美术师、作曲家、制作人以及其他娱乐产业专业人士用来简化创意过程、突破写作瓶颈、对作品进行细微调整以及加快制作过程。

医疗保健

应用人工智能、深度学习和大数据分析技术来处理遗传数据，可以帮助医生和患者找出易患特定类型疾病的问题。通过查明特定的关键风险因素，并将它们与家族病史、生活方式参数和遗传体质等因素相结合，深度学习算法还有助于引起医疗专业人士对潜在问题领域的关注，从而为预防性治疗提供有用的信息。

此外，人工智能和深度学习算法还能协助医生在更短时间内得出更准确的诊断结果，并减少出错的可能性。人工智能和深度学习工具还能自动交叉参考各种医疗记录，在处方获得批准之前标记出可能存在的药物相互作用和敏感性风险。

人们还可以利用人工智能来管理保险理赔、付款方案、就医预约、定期体检、医疗设备数据收集、医疗设备数据分析，以及许多其他类别的数据和记录——所有这些信息加在一起，构成了患者的完整病历。

外科手术和医疗机器人可以帮助医院和流动医疗单位增强执行可自动化的精确专业程序的能力，包括执行心脏外科手术、采用三维立体打印技术制造口腔植入物，等等。在某些情况下，外科手术机器人可以加快复杂手术的速度并减少疤痕，让患者能够缩短康复时间并更快地恢复正常生活。

三维虚拟化、深度学习和人工智能还可以应用于对复杂病情的诊断、量身定制的治疗以及手术方案的制订。例如，外科医生可以将血管或器官的扫描图像制成三维模型，用于在对患者执行高难度手术之前进行练习。这种方法让外科医生能够在术前试错，从而提高手术成功率。对于动脉瘤手术、心脏搭桥术以及心脏起搏器和支架等设备的植入术，这种方法尤其有用。

医学研究人员目前也在教人工智能产品检测人们能够想到的各种疾病，目标是达到可以媲美甚至超过人类医生的水准。例如，伦敦摩菲（Moorfields）眼科医院与伦敦大学学院、谷歌"深度思维"合作，教会了一个人工智能产品根据三维扫描图像诊断数十种单独的眼科疾病[11]。这种人工智能协助下的人机合作模式也可以应用于癌症、老年痴呆症、糖尿病、心理疾病，以及人类努力应对的各种健康挑战[12, 13]。

在治疗和康复领域，也有越来越多的虚拟现实、传感器、视频游戏、拟人化人工智能、智能玩具、可穿戴设备和护工机器人等技术投入使用。这些技术能够协助患者和医疗专业人士衡量和管理疼痛、压力、焦虑、抑郁、孤独甚至休克问题，从而促进患者的治疗和康复。此外，虚拟现实技术还被用于帮助患者进行脑损伤和中风后的康复，帮助患者恢复运动技能、姿态和平衡，以及治疗创伤后应激障碍[14]。

再说一遍，因为这一点值得再三强调：这些技术不是为了取代医疗专业人士，而是为了增强他们的能力，具体方式包括耗时流程的自动化——这些耗时流程历来会占用本可以更好地用在患者身上或是用于进行研究的宝贵时间；加快诊断、治疗和外科手术的速度并改进它们的结果；最大限度减少风险；以及为医疗专业人士和患者配备强大的新工具，让他们能够做出更好的决策并取得更好的医疗结果。

在通过技术得到增强的医疗保健服务中，有两个细分领域大有前途，它们是老年护理和居家护理。借助远程医疗、物联网、人工智能、机器人流程自动化以及智能自动化，医疗专业人士和护理人员可以远程监测患者的身心健康状况，通过远程呈现与患者进行互动，实现自动化送餐以及远程监督用药情况。医疗专业人士和护理人员还可以派 AI 和护工机器人陪伴患者、让患者保持思维活跃、跟踪患者重要器官的状况、自动进行备餐和房屋清洁、自动安排和管理每日时间表、为患者提供一系列广泛的虚拟和模拟治疗方案，以及缩短发生医疗紧急情况时的响应时间。这样不但有望通过赋予患者更多自主权以及努力得到更有利的医疗保健结果来改善他们的生活质量，还有望帮助通常已经不堪重负的医疗系统减轻压力。

人力资源

人力资源部门已经能够使用人工智能、机器学习和大数据分析技术从成千上万份简历中筛选出理想人选。正如我们在本章前面的部分看到的，如果在做出人事方面的决策时过于依赖机器算法，就容易受到人工智能偏差的影响。我们的观点是：人类与机器的合作可以弥补人类自身的不足，但是单凭机器却无法弥补机器自身的不足。算法可以帮助人类招聘人员标记出特定的求职者，然后招聘人员可以与人工挑选的申请人对照组和理想结果进行对比，评估机器为他们挑选的申请人，然后对该流程进行细微调整，直到它变得可信。但是，对求职者的选拔不应交给机器来处理，而是应该最终托付给人类招聘人员。算法应该仅用于对申请人进行识别、评分、标记和推荐，而不应用于选拔或聘用他们。

此外，借助人工智能和深度学习算法，人力资源部门还可以量化和跟踪员工绩效，找出可能有待改进的方面，推荐实用的培训和技能培养资源，安排培训日程并在上述培训中引入游戏化机制，协助经理激励、培养和留住有前途的员工，帮助员工看清职业发展机会，为员工提供必要的工具来帮助他们更好地管理职业生涯，甚至在有价值的员工出现其可能即将辞职的行为时提醒经理注意这一情况（没错，人工智能也可以进行这方面的预测）。

新闻报道

我们已经看到人工智能开始发布自己的新闻报道。《华盛顿邮报》（*Washington Post*）的写稿机器人 Heliograf 凭借数百篇报道 2016 年里约热内卢夏季奥运会的新闻稿名噪一时，从那以后一直在不断发稿。[15]《今日美国》（*USA Today*）、美联社以及其他新闻报道出版物也已经将人工智能和机器人流程自动化技术用于多种用途，包括汇编研究数据、对新闻的背景信息进行事实核查、在数十个平台上自动发布内容以及自己撰写新闻稿。

在这个新闻业似乎日益萎缩，因媒体公司合并而削减的新闻工作岗位比由此创造的新闻工作岗位更多的时代，能够撰写通常交由人类记者完成的新闻稿的机器人可能看似会起到反作用，甚至像是不祥的兆头。人们脑海中会自然而然地浮现出这样一个问题："记者也会被机器取代吗？"但答案是否定的。不妨想一想，新闻业务由哪几部分组成？除了公关和广告之外，还有两部分：意义重大的新闻工作，以及意义没那么重大并且无须耗费大量精力或时间就能拼凑出来的"补白"。前者是高价值工作，其形式包括历时数月的采访、深度调查等。每一天都有成千上万满怀热情、才华横溢、聪颖过人的新闻工作者拼尽全力，一心想要给我们带来对全球大事的精彩报道并凭此荣获新闻奖项。后者是另一种新闻内容：只有一段话的新闻快讯、体育赛事最新比分、股市收盘数字、警方报道、新闻简报，等等。这类新闻可以实现自动化。它们不需要真人记者浪费时间去誊写那些人工智能产品能够自己转换格式并推送出来的信息——像这样的操作，人工智能产品每天可以完成几百万次。在这种情况下，机器人流程自动化其实可以为新闻工作者提供帮助。通过自动化处理可以并且应该实现自动化的新闻，新闻机构及其聘用的新闻工作者可以腾出时间来专注意义重大的新闻和任务，以及更具实质性的新闻和故事。再说一遍，我们认为人工智能和自动化的用途是让技能娴熟的专业人士能够专注高价值工作，而无须在繁重的低价值工作上浪费时间。

此外，人工智能和自动化还能比传统手段更快地帮助提醒新闻机构关注突发新闻，以及识别趋势、加深对读者兴趣的了解、衡量各种社交平台的价值、在不同市场对相同文章的不同标题进行测试、对文章字数进行细微调整、为读者量身定制新闻源、快速对令人半信半疑的个人做出的陈述进行事实核查、对文案进行编辑和细微调整、推荐排版布局、选择要在文章中使用的图像和信息图，等等。

生产制造和仓储物流

在这个领域，机器人流程自动化、物联网、人工智能和自动驾驶车辆最有可能大规模取代人类工作者。尤其是在存在地理围栏的生态系统中（包括近 100% 的生产工厂和仓库），自主式和半自主式机器人将很快能够执行大多数曾经由工人执行的任务。从全自动信件分拣分发设施，到全自动汽车装配工厂，每个存在地理围栏并且可以自动化的重复性流程都会实现自动化。这并不意味着所有工厂都能够实现全自动化，也不意味着大多数企业都会在尝试实现全自动化时从中发现价值，但是制造和仓储设计领域的下一轮演化浪潮将向全自动化靠拢。

在这类智能自动化环境的下一轮创新中，最有意思的事情不是计算机视觉、机器人自主运行或计算智能方面的技术进步，而是操作系统的合并[16]。目前，用于复杂制造和仓储环境的机器人和自动化系统之间的互操作复杂而低效。操作系统方面的标准化迟迟未能实现，我们预计接下来五年到十年内，这场技术竞赛将会决出赢家。

对于制造和仓储环境中的人类工作者，我们仍然预计工程师和技师会帮助进行机器人和系统的安装、构建、编程、维护、升级和维修，并执行一系列广泛的支持任务，包括提供物理安全、在非常规操作过程中对机器人进行监督等，但是属于可实现全自动化的仓库和生产工厂的时代即将到来[17]。假设在全自动化工厂中，人类与机器实现了平衡分工并且不在同一个楼层，那么当我们想象这座工厂中的人机合作关系时，最好的方法也许是将每座工厂划分为两层楼：在全自动化楼层，工厂或仓库的大量工作由机器完成；在另一个楼层，人类工程师和技师的工作是对整体运营提供支持。

零售

除了本章已经介绍过的零售业各方面，机器人流程自动化还能让零售商（尤其是日用杂货零售商）实现网购产品分拣和包装的自动化。这是一种非常简单的模式：客户在线上提交购物清单，然后选择配送或自提时间。如果选择到店自提，则当他在商店门口停车时，购物车中的商品已经准备好了。如果选择配送，就会有一辆车（也许有朝一日会是自动驾驶车辆）将购物车中的商品送到他家门口。机器人流程自动化可以在分拣和包装流程中发挥作用。借助仓储和分拣机器人，顾客购物清单中的每一件商品都可以被找到、拣出并添加到实体购物车中，无须人工干预。预计在接下来几年中我们会看到日用杂货零售商对这种全自动订单处理模式进行测试。

> 2019 年到 2022 年之间，可能会有 1.33 亿个与自动化相关的新型工作岗位被创造出来。

人机合作下的人才选用和培训

根据世界经济论坛（WEF）的预测，2019 年到 2022 年之间，可能会有 1.33 亿个与自动化相关的新型工作岗位被创造出来，它们可能会取代 7500 万个工作岗位和角色[18]。

根据世界经济论坛的研究，数量减少的十大工作者是：

- 数据录入文员。
- 会计、记账和薪酬文员。
- 行政和执行秘书。
- 装配和工厂工人。
- 客户信息和客户服务工作人员。
- 会计师和审计师。
- 物料记录和库存管理人员。

- 总监和运营经理。
- 邮寄服务人员。

您应该已经猜到了，上述角色都将变得越来越容易实现自动化。

世界经济论坛的研究还确定了在 1.33 亿个新型工作岗位中名列前茅的职业和角色，主要有：

- 数据分析师和数据科学家。
- 人工智能和机器学习专家。
- 软件和应用程序开发人员。
- 软件和应用程序分析师。
- 销售和营销专业人员。
- 大数据专家。
- 数字化转型专家。
- 组织发展专家。
- 信息技术服务人员。

在这些角色中，可实现自动化的角色非常少，而且意料之中的是，绝大多数角色都涉及人机合作关系。

人机合作关系增强对中小企业的益处

虽然智能化客户关系管理（CRM）工具、直观的企业资源管理（ERP）解决方案以及机器人流程自动化可能看似对大型企业有益，但事实是：所有智能自动化和人工智能解决方案都有助于为中小企业营造更加公平的竞争环境。这些解决方案大多以软件即服务形式提供，只需要非常少的前期投资和极少的本地信息技术基础设施。随着这些工具变得越来越智能化和自动化，特别是越来越多地与人工智能功能集成（可以用直观的控件、易于自定义的字段以及自然语言处理算法取代代码编写和复杂的技术技能组合），财务门槛和技术门槛都在逐渐消失。这意味着在计算能力、流程自动化和人工智能功能方面，就我们在本书中讨论过的各种数字化工具来说，中小企业在这些工具的获取和部署上未必处于劣势。中小企业能够和大企业一样利用智能自动化和人工智能工具增强其员工和各个部门的能力，也能受益于与大企业相同的运营优势。

> 智能自动化和人工智能解决方案有助于为中小企业营造更加公平的竞争环境。

单人企业或独立承包人也能够受益。只需一名员工即可自动出账、顺畅地同时管理与多家代理机构开展的协作项目、派机器人处理例行任务、使用人工智能快速解决问题或搜索解决方案、利用仪表板密切关注关键指标、自动生成报告和归档文件、自动安排日程、自动群发电子邮件、自动进行日常沟通、管理会面预约和电话会议。

益处如下：大型企业当中历来存在这样一种现象，那就是越来越多的大型企业可能会发现更可取的做法是聘用承包人或者与小型专业公司合作，而不是针对高度专业化并且很难招到合适人选的职位聘用和培训全职员工。这也意味着，中小企业可以获得相应的工具，从而既能扩大规模又能更轻松地开展合作，由此与大型企业进行竞争。最后，创业企业可能会发现，通过掌管自己的数字化生态系统，以及采用自己的流程自动化解决方案和专攻人工智能与机器人技术的专门团队来增强自身能力，单飞会比传统聘用形式更有利可图，也是更可取的做法。这一点可能会给企业招聘人员带来新的挑战：在这个职业比以往更容易因自动化而过时的时代，要想招募到具备最契合相关工作岗位的资质以及最具价值的技能组合的人选，难度可能比以往任何时候都要大。

第五章

工作者如何迎接人机合作时代

智能自动化时代面向未来的职业

接下来几十年中，机器学习、智能自动化和人工智能将像移动互联网、云计算一样彻底转变业务运营。这两轮颠覆式技术的浪潮主要区别在于对创造工作岗位一事的潜在影响。为什么呢？因为虽然移动互联网、云计算有助于重塑全球信息技术、物流和通信基础设施，但机器学习、智能自动化和人工智能有助于重塑工作本身的性质。

基础设施往往有着广阔的舞台，这通常意味着劳动力的增加：人们必须学习新技能，必须创造新的工作职能，而增长会带动人们对更高运营能力的需求。在第一轮数字化转型浪潮（此轮转型要求企业适应移动互联网和云计算）中，我们观察到的摩擦点通常是预算不足、劳动力知识和技能差距以及受制度限制而无法快速扩展。有鉴于此，下一轮颠覆式技术的浪潮将变为企业的下一次数字化转型，旨在解决预算（成本）、技能和规模等痛点，这也不足为奇。但问题是，新一代技术解决方案的核心前提是机器能够以更低的成本更快、更好地完成人类的工作，并且在规模化方面几乎不存在障碍。

这或许有助于解释为什么对于机器学习、智能自动化和人工智能技术，众多的经济学家、商业分析师、记者、政策制定者、教育工作者等表达了担忧之情。许多人担心，企业能够合法地利用相应工作表现媲美甚至超越人类的机器来实现自动化的流程和职能越多，对人类工作者的需求就会越少。这可能会导致企业大规模裁员、社会失业率上升，以及最终需要重新思考经济模式。如果智能自动化的兴起会让我们迎来大量人类工作者失业的时代，那么社会应该如何解决这个问题呢？

全民基本收入

有一个想法吸引了许多支持者，那就是：政府为公民提供有保障的基本收入。你可能听说过好几种体现这个概念的名称，包括：全民基本收入、基本收入保障、基本生活津贴，甚至还有基本生活全民式补助。在本章中，我们将使用"全民基本收入"一词。尽管全民基本收入概念的细节可能不尽相同，但其背后的想法是让政府为全体公民提供收入，使他们能够生活下去、支付各类账单并避免陷入贫困。

全民基本收入的概念最早由英国作家托马斯·莫尔（Thomas More）在其充满讽刺意味的作品《乌托邦》中提出[1]。此书 1516 年于比利时出版，不出所料地恰逢西方文明最具变革性的技术、政治和经济时代之一：文艺复兴。18 世纪末又是一个转型和过渡时期，全民基本收入再次受到青睐，英国人权拥护者托马斯·斯宾塞（Thomas Spence）和美国革命家托马斯·潘恩（Thomas Paine）提出的方式最为著名。在 19 世纪后期和 20 世纪，随着欧洲和北美的工业化进程开始改变社会经济结构，全民基本收入再次浮出水面，著名的代表人物卡尔·马克思（Karl Marx）、克利福德·道格拉斯（Clifford Douglas）、伯特兰·罗素（Bertrand Russell）、丹尼斯·米尔纳（Dennis Milner）以他们各自的方式为其优点辩护。

随即应该得出两点洞察结果。第一，全民基本收入的概念并不是什么新鲜事。第二，每当经济处于根本性和颠覆式的变革过程中时，这个主题似乎就会出现。现在它再次被议论，表明我们生活在同样具有颠覆性和变革性的时代。这场转型的核心在于各不相同但又相互关联的技术：机器学习、智能自动化和人工智能。

如果你感到担忧，那也是应该的。一想到被机器取代、失业以及职业机会被剥夺，我们每个人都应该感到不寒而栗。我们这么说不是因为想让你感到痛苦和恐惧，而是因为，如果你出于对这种威胁的高度重视而感到担忧，你就会更有可能从担忧转变为采取行动。本书旨在对症下药，为你提供这方面所需的知识和见解。

为新范式做好准备

纵观过去几年中的技术进步，不难看出，机器学习、智能自动化和人工智能等新型业务解决方案可能会大量减少白领劳动力的方式，与过去机械加工车间和制造自动化大量减少蓝领劳动力的方式如出一辙。请注意，我们使用的是"可能会"，而不是"一定会"。我们不知道未来会发生什么；我们不知道公司、工作者、政策制定者会如何应对这场转变；我们不知道他们会以多快的速度适应这种全新范式并完成进化，以迎接挑战并将威胁转化为机遇。然而，我们知道的是，你越是敏捷机灵，适应变革的速度越快，你的机会就越好。有些人会失去工作，并且永远无法从这一损失中恢复过来。还有些人则会利用新一轮颠覆式变革浪潮来发挥自身优势并脱颖而出。选择始于意识和意志的结合。

意识、主动性和资源：适应手册

这些转变对企业界的变革性影响使我们走到了岔路口。一方面，机器学习、人工智能和自动化技术将在未来几十年内消灭数以千万计的工作岗位。另一方面，这些技术也可以提升数以千万计人类工作者的能力，并提高他们的生产力、技能、效率和价值。这两条路线同时并存，重要的是你要意识到：无论你最初走上了哪条路，那可能并不是你自己的选择。然而，你最终走的那条路却是你自己的选择。如果你不记得本章的其他内容，这一点就是关键所在。

我们所有人即将经历的种种经济转变以前也发生过。20 世纪初，汽车的发明消灭了马车出租行业。城市的电气化消灭了烟囱清扫工和点灯人等常见职业。制造技术的进步意味着磨刀人这一职业的终结，就像互联网终结了上门推销员一样。技术进步总会消灭一些职业。这不是什么新鲜事。你必须问一问自己的问题是：出租马车主、烟囱清扫工、点灯人、磨刀人和上门推销员是如何生存的？答案很简单：他们改做社会实际需要的其他工作了。

> **在现实世界中，生存属于适应能力最强的人。**

以下这种情况并不少见：了解自己的业务即将发生什么的精明出租马车主可能会开设一家服务站——无论这两项业务都能保持赢利，还是其中一项最终取代另一项，这都是两全其美之策。此外，烟囱清扫工改做屋顶修补和烟囱修理的情况也并不少见……虽然某些工作可能会因新技术而变得过时，但工人本身未必会过时。如果能够跟随技术的脚步快速完成进化，他们就不会过时。"适者生存"是一个被高估和被误解的口号。在现实世界中，生存属于适应能力最强的人。

在出租马车主的例子中，还有人会迎合汽车，而这种适应能力取决于三件事情：

- 意识到即将发生的威胁。
- 化威胁为机遇的主动性。
- 能够获得必要的资本和资源，从而可以创建新业务以利用这种变革。

在烟囱清扫工和点灯人的例子中，他们获得资本的机会比较有限，但同样的原则仍然适用——意识、主动性和资源构成了他们进化和转型能力的核心：

- 意识到变革迫在眉睫且势不可挡，是变革的催化剂。
- 完成适应和进化的主动性，是适应的催化剂。
- 获得资源的机会，是让个人能够实实在在适应这种变化的工具箱。

在主动性方面，我们只能给予你一定程度的帮助，但本书中的各个章节应该足以调动你的积极性，从而为你提供完成适应过程所需的动力和能量。不过，在意识方面以及指引你获取关键资源这件事上，我们涵盖了你的需求。

技术合作关系和增强功能：重点绝非人类与机器的对立

你可能已经注意到，本书的重点自始至终都是充分利用人机合作关系，而不是让人类与机器对抗。我们选择不将人类和机器视为竞争对手，因为他们不必如此，也不应如此。从最基本的犁到最先进的超级计算机，机器应该始终是增强人类能力并最终满足人类需求的工具。这不仅是一种处理人机关系的哲学方法，也是一种实用方法：让人类与机器对抗，终将弄巧成拙、适得其反并付出高昂的代价。无论这方面的努力可能会取得怎样的短期收益，长期成本都会让这种收益黯然失色。

在我们看来，机器最有成效以及最终回报最大的作用是增强人类的能力。机器可以帮助我们更快地解决问题；快速安全地进行客运和货运，举起我们无法举起的物体；塑造金属的形状，用混凝土和钢材进行建造；以微观精度快速制造产品。无论是否智能，机器的核心本质都是旨在解决实际问题和增强人类能力的工具。这种增强人类能力的古老角色，是我们关于如何适应技术变革的核心观点。

为了理解颠覆式技术变革何以成为机遇而不是威胁，请问一问自己这个最基本的技术问题：这项技术对我有何帮助？或者更确切地说：我可以如何使用这项技术来增强自己的能力？

几个例子：

- 人工智能工具或数字助理能否通过为我安排和管理日程表，每天帮我节省 45 分钟？
- 人工智能工具、数字助理或机器人能否通过阅读我的电子邮件、确定它们的优先级、回复所需注意力最少的邮件以及将通知和干扰因素保持在最低限度，每天帮我节省 2 小时？
- 人工智能或智能自动化工具能否通过对相关主题进行研究并为我生成报告和简报，帮我节省数小时的工作时间？
- 智能自动化能否通过自动创建高质量的演示文稿和报告，帮我节省数小时的工作时间？
- 我能否使用人工智能或一小群机器人来执行基本的、重复性的、枯燥乏味的任务，例如提交费用报告、发送电子邮件以及组织电话会议和会议，从而节省数小时的工作时间？

增强自身能力，成为更有价值的工作者

我们的研究表明，公司投资智能自动化和变革性技术的主要原

因是提高运营效率以及获得快速扩展的能力。想想这些目标，你可不可以提出这样一个论点？"增强型劳动力——利用机器学习、智能自动化和人工智能来大规模地大幅提高其生产力和速度，而又不会导致工时成本成比例增加的劳动力，会满足上述目标。"是的，肯定可以。也就是说，在展开相关讨论时至少应该谈到如何用智能技术增强人类工作者的能力，而不是直接用机器取代他们。

而且，如果在预计会因机器学习、智能自动化和人工智能而转变的经济中，增强劳动力的能力对公司来说是一种合情合理的适应策略，那么我们需要讨论工作者该如何学会通过技术增强自身能力，以及组织该如何参与劳动力转型。

白领、蓝领、"未来领"，明天的衣领将是什么颜色

你可能知道蓝领和白领工作之间的区别：蓝领工作往往包含更多体力劳动，而白领工作往往更多是脑力劳动。许多蓝领工作的薪酬远高于许多白领工作，所以不要错误地认为白领工作一定工资更高，或者认为它们需要更高的学历。情况往往如此，但白领工作与蓝领工作中蕴藏的经济学因素远比我们给它们贴的标签更复杂。

为了进一步体现更复杂的情况，除了白色和蓝色，还有其他衣领颜色名称。粉领是指服务行业的从业者。灰领是指在白领和蓝领之间填补空白的熟练技术人员（比如工程师）类型。（我们稍后会回过头来讲一讲灰领。）

我们之所以提出这一点，原因有两个：

● 如果不明确区分机器学习、智能自动化和人工智能对蓝领工作和白领工作的影响，我们就无法处理未来工作这一主题。

● 随着蓝领和白领工作受到技术的影响，它们可能会转型为具有全新衣领颜色名称的全新工作类别。从现在起三十年后，我们用来划分各类工作的二元双色模型可能会无法再反映工作场所的现实。

正如我们在本书前面的部分中所阐述的，随着技术逐渐渗透到白领和蓝领的日常工作中，每一名工作者都会自然而然地成为技术专家。随着这种变革在各行各业发生，蓝领和白领很可能会融合到一个更广泛的灰领工作者生态系统中：技术专家和机器一起工作。我们面临的挑战是，灰领可能是错误的命名方式，而大多数其他颜色已经被采用了。那么，我们该如何描述下一代"衣领"呢？

重要的是要认识到：一旦颠覆式技术变革的迷雾散去，并且在这场转变中幸存下来的每项工作中属于技术专家的方面成为主流，白领仍然是白领，蓝领仍然是蓝领，而橙领、金领、黑领、灰领、红领和绿领也是如此。即使这些工作最终看上去会让人觉得与伴随我们长大的各类工作大不相同，但律师仍然是律师，首席执行官仍然是首席执行官，医生仍然是医生，教师仍然是教师。

会有一些工作完全消失吗？也许会有，但大多数工作不会消失，而且会出现能够满足新需求和解决新挑战的新工作。这种新工作总会出现。诀窍在于继续逐浪前行，不要被浪潮抛下。

专业人士如何利用智能自动化增加自身价值

挑战在于制定一条路线，让我们从这里到达那里，即使"那里"并没有那么明确。值得庆幸的是，虽然我们可能无法预测未来，但是我们可以预测接下来十年中技术进步和投资的大方向。我们已经提出了机器学习、智能自动化和人工智能，但我们还应该提出更多关键技术：

●其中最明显的是物联网。物体、设备和环境无处不在的连接意味着我们会越来越多地与周围环境进行交互。作家兼麻省理工学院实验室讲师戴维·罗斯（David Rose）在其所著的《魔法物件》（*Enchanted Objects*）一书中提出了一个很有意思的观点——他预测称，联网智能物体会让人觉得越来越像魔法物件而不是技术[2]。由此可以得出两点见解。第一点是，响应迅速的联网智能物体会越来越多地围绕着我们，并为我们的日常生活带来新的功能。第二点是，随着这些物体变得越来越智能、越来越强大，我们与它们的交互必然会变得更加便利，它们也必然会为我们创造更多价值。

●边缘计算建立在罗斯所做预测的基础上。如果你不熟悉边缘技术，可以将它们视为机器学习和人工智能从云端迁移到网络边缘。什么是网络边缘？设备。简而言之：人工智能和机器学习越来越多地存在于物联网设备中，而不是物联网设备必须连接到云端的人工智能和机器学习解决方案。结果就是：实时、低延迟、本地化的人工智能和机器学习功能。边缘技术会让互联网逐渐减少与云端的连接并增加本地化人工智能功能。在罗斯的主题语言中，这意味着魔法物件将不仅仅是表现出如同被施了魔法般的功能的联网物体，而是会成为真正的智能物体。

●第五代移动通信技术（5G）——结合新的标准、频率和无线传输模式的新型无线技术集群，将弥补 2G、3G 和 4G 的不足，有望大幅提高数据传输速度并提升物联网性能。

物联网、边缘技术和 5G 的结合至关重要，因为它会塑造 2020

年到 2030 年之间的技术基础设施投资格局，并将成为物联网下一轮演化以及 5G 之后出现的任何下一代无线技术（很可能是 6G）的跳板。

对于希望为接下来二十年做好准备的工作者来说，这一切意味着什么？答案实际上已经存在于物联网、边缘计算和新的无线连接标准之中。从根本上来说：实时语言处理很快就会让语音取代键盘成为人类的主要输入方式。这是个好消息，因为它表明人机合作很快就会变得比以往更容易、更自然、更直观。这将进一步降低可能在过去历来导致传统模拟工人难以转变为数字工人生态系统的进入壁垒。那些可能自认为不是特别精通技术的蓝领和白领也许会发现，无论是将旧经济中的工作换成新经济中的工作，还是通过尽可能少的摩擦或培训加快自己朝着增强型技术专家进化的速度，都变得更容易了。

这也意味着，希望保持竞争力的工作者可以比以往任何时候都更加轻松地精准构建和展现企业主往往会寻求的那种附加价值：生产力、主动性和相关能力。

由此引出一个问题：如果工作者很快就可以比以往任何时候都更加轻松地与智能技术交互并在专业方面变得更加敏捷，哪些因素可以阻止所有人这样做呢？理论上讲，根本不存在这样的因素。但在实践中，答案就是我们自己。在本章前面的部分中，我们讨论了意识、主动性和资源，部分原因在于：我们预计，大量面临被取代的风险的工作者不会及时意识到这些变革，也不会表现出让行为和技能组合革故鼎新所需的主动性。因此，这些工作者会发现自己无法识别和利用可支配的资源，而这些资源原本可以让他们实现与颠覆式技术变革同步进行的转变。换句话说，如果不出意外，通过阅读本书，你会比自己所在行业中所有没读过本书的人更有优势。

单凭新技术让事情变得更容易这一点，并不意味着大多数人都能够理解或愿意尝试新的思维模式——至少在它们成为主流之前是不会这样的。而等到它们成为主流之时，可能就来不及将自己与其他求职者区分开来了。越早针对变革带来的机会采取行动，就能越快地完成适应和进化，就能获得越多的机会。在数字化转型方面，我们观察到企业一侧存在着与这一逻辑类似的情况：与那些在新技术的采用上进展缓慢或者完全抵制数字化转型的公司相比，最敏捷、最善于快速适应变革的公司——那些以最快速度跳上数字化转型这班车的公司——平均而言更有利可图、更具竞争力，并且更有可能实现增长并茁壮成长。

构建自己的"未来领"工具箱

从旧经济中的工作到新经济中的工作，这种转变并不像等待语音界面取代键盘或是等待机器接管所有重复性和商品化程度最高的任务那么简单。你必须多做一些工作，尤其是在刚开始的时候。（随着机器学习、智能自动化和人工智能越来越普遍地存在于工作场所，这件事会变得更容易，但目前还达不到这样的状态。）在那之前，我们可以采取以下行动，开始为即将到来的人工智能驱动的经济做好准备。

专注适应，而不是技术

这条建议看似有悖常理，因为我们的大部分讨论都是围绕新技术展开的，但在人工智能驱动的经济（以及正在朝着这个方向转型的经济）中，人类工作者最重要的特质将是适应能力。原因在于：技术处于不断变化的状态。业务模式以及我们的生活方式、工作方式、合作方式和消费方式，都处于不断变化的状态。虽然我们无法准确预测接下来几十年中会出现哪些新技术和新的业务模式，但是我们可以 100% 肯定地预测：变化是不可避免的，因此，快速而高效地做出改变的能力是每个工作者、决策者和组织者都必须优先考虑的关键特质。

但是，如何才能学会善于适应呢？方法与学会做任何其他事情或者学会做具有任何其他特质的人如出一辙，包括以下几点：

- 找出在这方面做得比较好的人和组织。
- 研究他们为达到目标所做的事情。
- 将这些经验付诸实践并学习如何让这件事成为自己擅长的事情。

如果以上说得太模糊或太抽象，请记住我们之前对意识、主动性和资源获取的洞察结果。这件事完全属于主动性部分。在这方面做功课的个人会胜过不做功课的人。

在自动化的世界中，致力于成为尽可能全面发展的人

我们暂且假设涉及机器学习、智能自动化和人工智能的最坏情况变成了现实：工作自动化导致人类被迫与机器竞争，而不是人类与机器以共生方式共同工作。在这样一个世界里，人类如何让自己变得对企业主更有价值？方法有以下两种：

- 变得更擅长执行机器也能执行的任务。
- 变得更擅长执行机器无法执行的任务。

答案当然是"变得更擅长执行机器无法执行的任务"。

我们说的是什么类型的任务？

那些涉及领导力、判断力、洞察力、创造力、抽象思维、直觉、同理心、文化意识、积极性、协作、鼓励、勇气、战略眼光等特质的任务。

我们最近与微软全球服务首席技术官诺姆·胡达（Norm Judah）聊了一下这个话题，他强调了人类的判断力在智能自动化、机器学习和人工智能驱动的世界中的重要性。在他看来，在创造性思维、文化意识和判断力方面，即便是最复杂巧妙的人工智能模型也远远无法胜过人类，我们在这方面还有很长的路要走。这些类型的特质和技能对于企业的成功至关重要，而机器无论多么复杂都无法胜过人类，这一点似乎显而易见。

此外，如果你能够成功地证明人类在人工智能驱动的经济（无论是新兴经济还是成熟经济）中的价值在于他们利用这些人类特质和技能的能力，那么以下情况也是顺理成章的：无论有多少机器学习、智能自动化和人工智能技术渗透组织的业务流程，那些能够表现出非凡的判断力、创造力、同理心、直觉、意识和远见的人类工作者都会供不应求。

对于不想被机器和智能自动化取代的人类工作者来说，最佳策略可能是关注哪些因素可以让他们成为更出色的人类，而不是关注如何成为更出色的技术使用者。成为更出色的技术使用者也很重要，但这是次要的考虑因素——远比这更有价值的事情，是开发机器无法复制的人类技能和特质。

诺姆·胡达给我们分享的一个例子指出了人工智能模型中的偏见问题（第四章更详细地介绍了该主题）。从本质上讲，这个问题带来了如下挑战：无论是从一开始还是随着时间的推移而经历模型漂移，每个人工智能模型都会受到程序偏见的困扰。例如，人工智能偏见可能表现为：抵押贷款人工智能解决方案将受过大学教育的30多岁的夫妇识别为贷款的理想人选，同时将未受过大学教育的

20多岁的单身母亲识别为不太理想的贷款人选。因此，人工智能可能会倾向于批准受过大学教育的夫妇的贷款，同时不成比例地拒绝单身母亲的贷款申请。近年来，人工智能偏见的例子出现在搜索引擎、企业招聘系统和执法计算机系统中，引发了人们对人工智能识别能力的担忧，更不用说纠正其自身程序偏见的能力了。关于如何解决这个问题，胡达给出的建议很简单：不要将人类排除在外。

> **人工智能在细微差别、上下文、外部偏见检测和判断力方面能力有限。**

人类能够处理的数据量是有限的。这就是机器学习、智能自动化和人工智能的用武之地。就人工智能而言，它们在细微差别、上下文、外部偏见检测和判断力方面能力有限。然而，如果将人类和人工智能结合起来，你就会拥有处理能力与判断力的完美结合：这是一种全面的共生型人机合作关系，最有可能实现最佳结果。

熟悉尽可能多样化的技术组合

要提升适应能力和敏捷性，最快的途径就是变得尽可能多才多艺，而在越来越受机器学习、智能自动化和人工智能驱动的商业环境中，这意味着熟悉尽可能多样化的技术组合，并且至少具备一定的适应能力。

这需要花费时间和精力，但一切都是值得的。不过，去熟悉可能会在专业中遇到的数十种技术，这件事情其实没那么困难——至少并不比学习如何编织帽子和种植番茄更具挑战性。而且，花费数月乃至数年时间来学习大量新技能，迟早派得上用场：如果你能够越来越轻松自如地学习数百种微不足道的模拟技能，那么你对技术技能也能做到同样的事情。

关于你可以学习哪些技能，以下提供了一些例子：

● 如何使用和自定义业务仪表板。

● 如何使用增强现实和虚拟现实眼镜玩游戏、实现三维模型可视化、操纵三维模型以及创建或编辑三维对象。

● 如何从键盘搜索查询过渡到语音搜索查询。

● 如何在零售、工业和公共环境中使用传感器和物联网技术收集数据。

● 如何使用物联网技术、边缘计算和无线网络，让仓库、生产设施和各种关键业务系统实现自动化。

● 增强现实、虚拟现实和无摩擦支付系统如何转变零售业。

● 如何使用尽可能多的可用分析工具。

● 如何构建、部署和定制机器人。

● 如何为你的业务部门引进信息技术资源，然后让他们向你展示如何提高生产力、提高运营效率和推动业务发展。

如果你碰巧在 STEM 领域工作，上述建议也适用于你。你可能需要考虑将你在专业发展方面努力做的事情分为两种，一种是精通日常使用的技术和工具，另一种是熟悉可能在未来某个时间点与你的专业发生交汇的相邻技术。例如，已经熟悉高级数据分析工具的研究人员可能也会考虑去熟悉三维和混合现实工具，以防数据可视化和数据操作从键盘和屏幕转移到虚拟空间——这种可能性似乎正变得越来越大。或者，牙科技术人员可能需要越来越熟练地使用三维立体扫描、三维立体建模和三维立体打印解决方案，因为这些技术正在越来越多地将手术级牙齿植入物、假牙和牙桥的生产从专业生产工厂转移到私人诊所。

针对不同职业工作者的具体建议

我们来看看另外一些非常适合人工智能的专业发展途径。

高级管理者、中层管理者和决策者

学习填补判断力方面的差距

我们现在用来理解数据的技术解决方案正越来越多地从传统分析转向预测性分析——帮助决策者对其决策可能产生的结果进行建模。从长远来看，随着机器学习、智能自动化和人工智能的不断改进，今天的数据分析工具将成为明天的指导性管理工具。

> 今天的数据分析工具将成为明天的指导性管理工具。

陷阱：许多公司会过于相信这些人工智能驱动的指导性模型的可靠性，并倾向于将它们视为优于人类决策的工具，而不是按照预定方式使用它们——应将它们作为帮助人类做出明智决策的工具。

现实：无论机器学习、智能自动化和人工智能在未来几十年内变得多么先进，他们都不会发展出比人类更出色的复杂业务决策技能。不完整的信息和程序偏见将继续限制机器看清全局的能力。此外，他们将始终缺乏人类在上下文信息、细微差别、直觉和批判性思维方面的能力。如果公司忘记这一点或者不了解这一现实，就会在经历惨痛教训之后明白这个错误的代价有多大。

解决方法：采用人机合作的方法来解决这个问题。如果人类处理大量数据和快速处理数据的能力有限，那么人类可以在解释、验证、理解新的信息以及衡量其意义这方面发挥出色表现。这意味着人工智能驱动的分析工具看似可能会威胁到组织对人类决策者的需求，但实际上反而为精通机器学习的决策者创造了机会，让他们能够展现人类的判断力对于做出具有风险的复杂业务决策这一过程的重要性。因此，对于很快就会与复杂的预测性和指导性建模解决方案"同台演出"的决策者来说，最重要的技能是将判断力注入人工智能驱动的决策过程的能力。

应对新的不确定性范式

同样，我们开始特别关注的一项新技能是更好地处理"灰色概率"预测的能力。灰色概率是指无法立即解释为非黑即白的概率，尤其是在由机器进行解释时。这些类型的预测不容易受到诸如好、坏或是安全、不安全之类二元解释的影响。

例子：一种运行预测性建模软件的分析工具得出结论，指出特定行动方案的成功概率为70%。一种指导性人工智能解决方案被编程为将概率大于65%的预测解释为"非常有可能成功"，那么该解决方案可能会通过在提供指导时给出其目前评为成功概率非常高的策略，间接将具有70%成功概率的预测转化成具有100%成功概率的建议。如果决策者没有接受过关于如何管理灰色预测的训练，可能就会很容易遗漏细微差别，而一味地批准人工智能的建议。如果决策者接受过关于如何管理灰色概率的培训，就能够对人工智能的建议进行反推，寻找输入、分析和指导方案中的缺陷，然后重新运行该问题，直到缺陷和偏见得到解决为止。或者，同一决策者还有可能决定对分析中30%的失败概率进行深入挖掘，从而发现人工智能未能检测到或者未能完全理解的威胁和机会。

这种既能识别、解释并利用数据和分析模型中细微差别，又不会因此而裹足不前的能力，将成为对那些负责制定基于分析的复杂决策的人来说最重要的实用技能之一。尽管这肯定需要在一定程度上精通特定的分析技术和基于人工智能的技术，但是从本质上讲，这完全不是基于技术的技能。这是一种深层次的人类技能组合，深深根植于批判性思维，包括好学善问、善于分析、遵守纪律、避免偏见、怀疑精神、自我引导、自我监督和自我纠正。这种特殊的技能组合并不需要对技术有复杂的实际理解。

信息工作者

对于信息工作者来说，以上大部分内容都是切实相关的，但信息工作者的关注重点不是人机合作关系方程的决策方面，而应该是如何对机器学习算法交付给他们的数据、预测性模型和指导性模型进行验证。我们倾向于将此项职能视为"应用怀疑论"，尽管有些人更喜欢将它联想到尽职调查。我们对此看法如下：人工智能驱动的模型中始终存在偏见。因此，无论机器创建的分析模型多么复杂巧妙，信息工作者都应该始终假定这些分析模型沾染了偏见。信息工作者的工作是识别这种偏见并对其进行检查。

为什么这很重要？原因如下：无论人工智能多么复杂精巧，无论认知计算达到了多么高超的能力和速度，如果计算机无法理解它们可能会如何曲解数据，或者无法知道它们的分析模型中遗漏了哪些数据集或规则，那么世界上的所有技术投资都不能让它们——或者我们——避免进行沾染偏见或存在缺陷的分析。

在前端，数据必须准确无误并得到正确划分。必须确定和验证所使用数据的来源，这些数据的上下文必须转换为算法可以理解并正确应用于其分析的规则和逻辑，还必须有人充分了解正在分析的问题，以便与技术专家和人工智能界面合作，找出信息差距和缺失的数据集。（我们应该收集的其他数据有哪些？这些数据应该来自哪里？不应该来自哪里？最佳收集方法是什么？我们要如何将这些额外的数据应用到分析模型中？我们如何将其转化为计算机能够正确应用的逻辑？）

在后端，同样的问题会以逆向方式发生。我们遗漏了哪些数据？我们遗漏了哪些额外的数据来源？这些数据是否存在缺陷或受到了破坏？我们是否以错误方式收集了这些数据？是否错误地应用或解释了这些数据？我们在创建模型时是否未能识别偏见和逻辑问题？偏见有没有损害我们得到的结果？

我们可能还不至于将检测人工智能逻辑偏差的能力称为"软技能"，但我们确实觉得，它至少是与软技能相邻的。数百万年的进化导致人类大脑能够出色地检测各种模式及其损坏。即使我们不能立即准确地了解问题出在哪里，我们也可以感觉到问题的存在。尽管机器具有强大的计算能力，其像人类一样思考的能力也在日益提升，但是它们并没有享受漫漫进化岁月带来的好处，也不擅长检测微妙的异常和上下文信息的异常。人类的这种能力，正是信息工作者对于依赖机器学习和人工智能为其决策者提供分析、预测和指导性洞察的公司至关重要的原因。

除了识别和消除人工智能驱动的模型中的偏见外，信息工作者作为数据和洞察验证者的工作也会填补与人类各种细微差别相关的洞察差距，包括提供与行为分析和心理学相关的更深入的洞察结果，以及对语言、文化和同理心方面的分析及预测进行精细调整。

蓝领

主动规划职业路径

你不必成为技术、制造或劳工问题方面的专家，也能了解体力劳动自动化对蓝领工作造成的毁灭性打击。根据功能、设备和流程效率，生产工厂可以通过让需要大量人工劳动的重复性流程实现自动化来降低成本，并将效率提高几倍甚至几十倍。机器的前期成本可能会高于聘用新员工的成本，但它们通常很快就能通过提高生产力收益、提升质量以及降低运营成本来收回成本。因此，大量蓝领将被自动化大规模取代，而且这种趋势在短期内不太可能停止。

如果你是蓝领，那么你已经知道了这一点。这可能是你阅读本书的主要原因。如果你是蓝领，你确实有选择的余地，智能自动化时代可能会给你的职业生涯带来更多机会而非威胁。我们请你回顾一下之前关于意识和主动性的重要性的讨论。一些蓝领能够在即将到来的经济中茁壮成长，另一些蓝领则不能，他们之间的差异不成比例地取决于意识和主动性。如果你能构思出清晰的职业适应路径并主动去朝这些路径努力，那么你被机器取代的可能性就会远小于那些无法这样做或者选择不去这样做的蓝领。

自动化浪潮中生存下来的蓝领的三个选择

在机器学习、智能自动化和人工智能时代，如今的蓝领有三个选择：选择一个不容易被自动化的蓝领职业；改变职业；或者学习使用（而不是拒绝）自动化。我们来依次看一看这三个选择：

1. 选择不容易被自动化的蓝领工作，往往是没有地理围栏的工作，要求工作者在受控、一致、可预测的环境（比如工厂）之外工作，需要举升、搬运重物并将其送到无数个存在无法预测的地形或其他复杂地形的目的地的工作，在需要实时发挥高度随机应变能力的环境中工作，以及在机器难以与人类效率匹敌或者成本高于人工劳动的偏远地区工作。例如，对悬索桥和埃菲尔铁塔等复杂结构进行涂漆和维护修理，就是不容易被自动化或机械化的工作类型。将玻璃窗从卡车车斗中搬运到不平坦表面上的在建房屋，穿过满地泥泞和灰土，搬上楼梯和临时平台，并越过不计其数的重重障碍物（比如成堆的材料、成堆的废弃物和临时工作站）——这项工作最好由人类工作者而不是机器人完成。有些工作不会很快被机器人或机器淘汰。

2. 改变职业是第二种选择，但未必是彻头彻尾的转变。例如，蓝领和黑领（石油、煤炭和采矿）工作技能可以异常顺利地迁移到绿领工作中。没有人真正知道政府和行业对绿色技术和相关工作者的投资会达到何等程度。话虽如此，相关部门很可能会推动能源和基础设施迈向下一次繁荣。再说一次，主动性对大胆的人有利：第一波绿色技术（以生态环保为重点）行业的蓝领和黑领工作者可以受益于这种主动抛弃垂死挣扎的职业、改行到新兴职业的大胆做法。

> 蓝领和黑领工作技能可以异常顺利地迁移到绿领工作中。

3. 学习使用自动化——或者置身于自动化的包围中。在体力劳动环境中，我们已经看到了一些非常有意思的人机合作范例。我们预计，随着企业认识到这类合作关系往往比完全自动化更可取，人机合作就会在各行各业中变得更加普遍，如下所述。

（1）虚拟现实、增强现实和混合现实。我们已经可以看到虚拟现实、增强现实和混合现实解决方案如何在工业和劳动密集型行业中被用来培训、指导人类工作者以及增强他们的能力。例如，佩戴虚拟现实眼镜的人类工作者可以学习如何装配或测试复杂零部件，或者学习如何执行复杂任务，这种学习方式比在实体装配线或机械车间进行学习更快速也更经济。经过培训后，刚才所说的人类工人可以佩戴增强现实、混合现实的头盔或眼镜，在人工智能或专业软件的指导下执行类似任务的复杂组合，只需接受极少的额外培训，并且能够保持始终如一的精度。通过引入额外的物联网传感器层、复杂的工厂地图绘制以及零部件跟踪解决方案，你可以帮助人类工人通过实时可视化了解其所处的工业环境如何对其需求做出反应，以及如何优化工作流程。

这些新型可视化功能可供负责专业产品装配的生产线工人在工作站使用，也能帮助运营经理实时查看工厂各个系统的整体状况。此外，维护技师还可以使用它们来查看建筑物的结构蓝图、确定地下公共设施的确切埋放位置、对电气或液压系统进行诊断测试，或者找出数千米长的线路或管道上出现故障的开关或阀门。

（2）外骨骼和人体增强机器人技术。在这种环境下，还有一个颇有前景的人机合作领域侧重通过机械外骨骼和可穿戴式承重机械装置，以物理方式增强人类的能力。虽然这些技术并没有像增强现实解决方案那样迅速进入工业环境，但是，在叉车未必适合的一些领域，或是在往往需要更具操作灵活度的领域，让人类工作者通过自然身体运动举升重物的能力可以创造大有前途的机会。如果一种机械外骨骼能让人类工作者拿起一个500千克的板条箱或零部件，并步行将其送到工作站、货架或卡车车斗，那么比起使用笨重的叉车或是操作受限的传送带系统来执行同一任务，这种外骨骼可以提高成本效益和运营效率。

为了撰写本书而进行研究时，我们不断遇到的主题之一是针对边缘设计技术解决方案的重要性。虽然"针对边缘设计"的含义可能因人而异，但是有一种解释适用于机械外骨骼解决方案。这项技术可以顺理成章地在工业自动化和机械化的边缘找到一席之地。

从传统的叉车操作职能转变为操作外骨骼，对于蓝领工人来说可能并不是最糟糕的职业变动。本田（Honda）公司、爱科索仿生机械（Ekso Bionics）公司、赛百达因（Cyberdyne）公司、松下（Panasonic）公司等都是开始了解外骨骼并学习其操作方法的好地方。

在继续介绍之前，我们可能应该提到外骨骼已经可以分为几个不同的类别：

- 全身动力套装。
- "多余"机械手臂（可以将它们视为由机器人构成的第三条或第四条手臂）。
- 能够抵消负荷的工具握持外骨骼（帮助人类工人握持、搬运和支撑重型工具）。
- 电动手套（增强双手的力量和控制力，帮助双手做出容易使人疲劳的精确手势）。
- 能够减轻负荷的背部支撑装置。
- 没有椅子的椅子（便于人类工人在穿在工作服外面的轻型外骨骼上"坐下"；每当他们需要坐下时，外骨骼就会锁定到位）。

虽然所有这些外骨骼类别都可以增强人类能力并提高生产力，但是能为那些希望在工业环境自动化进程中幸存下来的蓝领提供长期价值的类别，是全身动力套装。该类别具有较高的学习曲线以及实现深度专业化和推出相关认证的潜力。

（3）转变为维护、维修和系统管理角色。蓝领还可以选择转变为灰领，比如做一些维护、维修和运营管理工作。所有机器都需要维护和维修、校准、定制以及升级。虽然智能自动化技术已经可以轻松处理工业环境中复杂自动化的同步操作和实时操作，但某些功能仍然需要人工处理。机器取代人工的程度越高，维修专家和维护技师的机会就越多。

零售工作者

我们对零售工作者的建议不像对其他类别那样强调高度参与。在现实中，机器学习、智能自动化和人工智能对零售业的影响是：零售业将变得越来越流畅无摩擦、越来越以客户为中心。随着移动商务的便利性持续侵蚀实体购物体验并导致对配送服务的需求出现增长，零售商会顺理成章地整合数字和虚拟体验，让实体体验在更大程度上起到品牌宣传作用，而不是实实在在地贡献销量。对于零售工作者来说，这意味着他们的行业可能会有所萎缩，同时会实现比以往更高的互联程度和自动化程度。随着数字体验和实体体验融合到这种一体化无摩擦体验中，零售客户希望能够从在线搜索和基于应用的购物，过渡到去实体店体验相关产品以进行进一步检查以及提货、退货或冲动购买。他们的个人信息（包括购买习惯、交易历史记录和偏好）必须毫不费力地融入实体体验，以便提高客户进店带来的价值并促使他们购买，同时又不会显得咄咄逼人或是让人觉得唐突。虽然机器学习、智能自动化和人工智能将处理大部分计算工作，包括分析、客户档案生成、预测性分析、营销信息、时机和推送以及指导性见解，但是零售业员工将负责这些洞察结果转化为令人愉快并最终富有成效的结果。要正确做到这一点，就必须实现专业精神、细微差别、机智得体和个人魅力的复杂融合，而机器尚不具备模仿或自行做到这一点的能力。

虽然我们刚才描述的模式更容易实现优质零售体验，但是零售商通过智能分析了解客户行为和需求的能力本身就是一种强大的差异化工具，在努力将每笔零售交易商品化的经济中尤其如此。

客户体验很重要，这一点在互联网和机器学习进入零售业之前就成立，在大多数零售体验都简化为扫一扫、点一点的操作之后仍然成立。客户将为更友好的客户服务、更顺畅的结账流程、更快捷的配送服务、出乎意料的额外关怀，以及信任、信心和安全性支付溢价（无论有多小）。至少，这些差异会影响他们的偏好。

如果每家零售商都使用相同的工具与客户进行在线交易，那么除了产品本身之外，竞争对手的关键差异化因素最终可以归结为三点：价格、供应情况和交付方式之间的关系，以及用户体验。因此，店内体验将成为变数最大的战场，零售业员工可以在这里为企业主或自身赢得优势。

结语

上述原则与行业无关。你可以将它们应用于每项工作。如果你碰巧是一名会计师，并且担心机器学习、智能自动化和人工智能最终会取代你的职业，那么请成为你所在市场中率先做到以下方面的人：利用这些技术来增强自身现有能力（或者只是在不聘用新员工的情况下扩展这些能力）的人，并开始专注在你的各种专业关系中注入更多客户关怀和个人风格，以增加这些关系对于客户、合作伙伴和利益相关者的价值。如果你碰巧是从事门诊业务的医生或医疗保健专业人士，那么请成为你所在市场、医院或团体中率先做到以下方面的人：利用机器学习、智能自动化和人工智能解决方案，让烦琐任务（从预约安排到病历存档）实现自动化；捕获更多患者数据，以创建更有效的健康监测与分析实践；使患者能够自行使用传感器、应用和数据分析工具，更好地帮助你为他们提供帮助；以及依靠指导性解决方案来确定你可能没有考虑过的潜在问题和治疗方法。

无论你今天碰巧在哪个行业工作，无论你从事什么工作，你都拥有完全相同的工具箱：意识、主动性、资源。

资源就摆在那里。希望了解新技术的人类工作者能够以非常低的成本或零成本做到这一点，可以使用搜索引擎来识别和访问各种信息来源，包括视频、新闻文章、白皮书和信息图表，以及用户指南、培训手册和演示。有关如何使用这些新技术的培训可能有点棘手，但根据你居住地的情况，相关培训计划可能会以非常低的费用甚至免费提供。成本从低到高的方法依次为：如果当前的企业主尚未提供你正在寻找的培训类型，请与人力资源部门就创建或者帮助你获得相应的培训进行讨论；如果企业主帮不上忙，请联系专业组织，看看他们能否帮到你；如果专业组织也帮不上忙，请直接联系技术提供商，询问有没有可供你参加的培训或适应计划。

在向公众提供此类资源的科技公司中，亚马逊公司树立了典范。2018 年年底，这家零售和机器学习巨头免费向公众开放了数十门机器学习课程，并提供了一些用于有效衡量相关能力的认证途径。请寻找这类机会，无论它们是由亚马逊、微软、国际商业机器公司、谷歌和软件服务供应商赛富时（Salesforce）等大型科技公司提供的，还是通过雷神、达索系统（Dassault Systèmes）、通用电气或迪士尼等不太引人注目的智能自动化、人工智能、机器学习、虚拟现实和物联网公司提供的。

如果以上方法全都无法取得成果或者无法满足你的个人需求，那么你可能需要联系你所在地区的经贸和技术院校以了解他们提供的选择，或者寻找在线课程和认证。有些转变方式会比其他转变方式来得更容易。我们承认做出改变是件难事，学习新技能对于任何人来说都有可能是一道难关。在如今这个时代，时间、金钱和注意力都供不应求。我们不想让这一切听起来轻而易举或是微不足道。我们还深知，如果你投入时间和精力来学习如何使用新技术并更好地与机器开展合作，那么你在这方面的投入极有可能在未来几十年中为你提供工作保障，并帮助你在职业生涯中保持敏捷性。你现在在这方面投入的时间和精力越多，等到机器学习、智能自动化和人工智能开始以远高于现在的速度取代人类工作者时，你就有可能享有更多的机会。

> **你最好的选择就是成为对身边各种机器更有价值的人类合作伙伴。**

如果我们没有把上述问题讲清说透，就无法充分强调软技能在以机械化方式追求效率的世界中有多么重要。我们之所以翻来覆去地说，原因有两点。第一个原因是，人们很容易在日常工作与生活中陷入"技术—技能—获取方式"焦虑。哪怕只是读到上一段话，也可能会将你的注意力转移到尽可能快地获得尽可能多的新技术技能这一需求上。这样做时，我们往往会忘记人类技能和特质的发展对于在智能自动化世界中茁壮成长至关重要。成为更出色的机器操作人员并不足以为组织带来价值；同理，成为更出色的触控笔操作人员也不会使你成为更有价值的平面设计师。人们很容易忘记这一点，所以请不要忘记。在自动化世界中，你最好的选择就是成为对身边各种机器更有价值的人类合作伙伴。第二个原因是，如果没有人类合作伙伴的指导、领导、调整、激励、启发、保护、解释、表达、思考、调查、复核、教导、判断和决定，智能自动化就永远不会产生依靠它的组织所期待的结果。有件事情看似有悖常理并且颇具讽刺意味，实则是事实，即人类才是让智能自动化发挥作用的关键，尤其是在接下来几十年中。所谓的"软技能"，曾经被我们当中那些对文科学位和人文学科不屑一顾的人嗤之以鼻，但在智能自动化世界中，它们在职业方面的价值将远高于 20 世纪。其中最主要的技能是领导力。如果说领导力在这一切之前已经非常重要，那么在充满商品化、重复性和自动化任务的世界中，它会变得比以往任何时候都更加重要。

第六章

教育机构如何迎接人机合作时代

将 20 世纪的教育抛在脑后

在我们与教育工作者、企业领导者和技术颠覆者就教育和职业培训的未来进行的每一次对话中，我们都会获得大家几乎普遍认同的一个见解：为了开始满足数字驱动、人工智能驱动的经济的需求，教育和职业培训必须有所改变。需要明确的是，我们所指的改变不是增量变化。大家的共识是：教育和职业培训要想在接下来几十年中与社会切实相关，就必须发生根本性的变革。教育工作者和企业领导者基本上达成了以下普遍共识：如果我们坚持采用 20 世纪初建立的教育和培训模式，就无法满足人工智能驱动的未来对于教育和职业培训的需求。

> 教育和职业培训要想与社会切实相关，
> 就必须发生根本性的变革。

现行的西式中小学教育制度最初建立时，烟囱清扫工、磨刀人、出租马车主、煤矿工人和点灯人仍然是常见的职业。收音机、电视机、汽车和机械飞行器只存在于儒勒·凡尔纳（Jules Verne）、赫伯特·乔治·威尔斯（Herbert George Wells）等科幻作家天马行空的想象中，更不用说电信卫星、智能手机和计算机了。然而，准备步入 21 世纪中叶时，我们已经看到智能自动化和未来人机合作关系有望如何从根本上改变就业性质（从而改变教育和职业培训的目的），我们依然固守着最初由无法设想出互联网、移动电话、物联网和智能环境的人们设计出来的教育和技能获取模式。

将教育与职业培训分离：切实考虑

教育和职业培训发挥着不同的功能

要阐明教育和职业培训之间的区别，最简单的方法就是将教育视为学生通过学习成为通才的过程，而职业培训则是从通才成为专才的过程。

任何教育和职业培训生态系统如果不能明确定义这两项功能之间的区别，并且没有通过正确的设计让两者都能发挥其应有的功能，就无法成功培养我们在人工智能驱动的数字经济中所需的工作者类型。除非我们纠正这个问题，否则上述失败的做法只会对社会和经济产生愈加严重的不利影响。

那么，我们如何着眼于21世纪的需求，重新思考（或者至少调整一下）20世纪的教育和职业培训模式呢？

"重启"教育的案例

每个产品、组织、业务模式和系统都必须在其生命周期中的某个时刻进行自我改造。一切最终都会过时，甚至包括思想，而教育在这方面也不例外。试图在这样一个向前发展的世界中让陈旧的思想和系统继续发挥作用，迟早是行不通的。那么教育该如何向前发展呢？

就其本质而言，重新思考人机合作新时代的教育和职业培训这件事与任何其他工程、经济或社会问题没有什么不同。

无论我们是否允许智能计算机帮助我们设计新的教育模式（我们可能应该这么做），我们都需要开始这个过程。我们需要讨论以下问题：教育和职业培训的哪些基本方面很重要，哪些方面不重要，各个方面为什么重要或不重要，以及我们应该如何对各个方面予以取代或加以调整，以适应全新的未来需求。

那些尚未将教育和职业培训分开的学校系统所犯的一个极其常见的错误，是将预算优先分配给那些被认为更容易转化为实用的关键工作技能（比如科学和数学）的教育主题，而为此付出的代价就是牺牲其他教育主题（比如历史、公民学、文学和艺术），特别是在迫于预算削减而需要开始削减教育资源的情况下。进行此类削减时，基本论点始终是：与科学和数学相比，这些主题对于未来的工作者没那么重要。虽然我们理解这种合理化解释背后的经济和意识形态力量，但我们认为这样做会适得其反。从孩子的课程中去除创造力、感性理解、艺术表达和文化历史，会剥夺他们有朝一日成为多产的创造性思想者、问题解决者和有见地的决策者所需的基础。不断培养一代又一代理智清醒、具有能力、情感成熟的成年人，不但可以为社会创造价值，还恰好能够提供企业主越来越迫切希望在新员工身上看到的品质。之所以会这样，一个关键原因在于：由知识、理解力、情境化和洞察力构成的这些维度，对于解决复杂问题和做出负责任且合乎道德的决策至关重要。人机合作关系要想取得成功，尤其是在决策方面，合作关系中人类就必须具备这些能力。如果我们未能向未来的工作者传授这些基本技能，我们就未能尽到最基本的教育责任。

从实用角度来看，如果未来的技术专业人士自身被剥夺了充分理解情绪和情感方面的线索及其含义所需的教育，我们又怎能期望有朝一日能够教会智能计算机和智能环境模仿人类解决问题的技能和同理心呢？更不用说教会它们正确识别用户的情绪和需求了。

教育系统如今面临的根本问题在于：它们在培养接下来几十年中世界需要的工作者和技术使用者这方面格格不入。中小学仍在努力让年轻人为 20 世纪的工业经济而不是 21 世纪的后工业经济做好准备，再多的修补措施和技术补丁（比如"计算机课程"）都无法解决这个问题。我们需要一种全新的教育模式，以及与之平行的职业技能发展和职业培训模式：用 21 世纪的话说，就是"重启"。

从头开始重建教育：让形式和目的定义功能

我们来假设一下：我们的任务是从头开始重新设计教育和职业培训，以适应人工智能增强的人机合作时代。忘记传统的 K–12（学前、小学和中学教育阶段，持续至十六七岁）计划吧。忘记迄今为止小学和中学教育的体系结构吧。如果可以从头开始，为 2030 年及以后设计的教育会是什么样子？

仅仅考虑教育和职业培训的主题和内容是不够的。我们还必须考虑教学和培训将要采取的形式：什么样的环境和条件适合最大限度地减少干扰并留住学生？

教室还会像以前那样，一排排桌椅对着讲桌和白板吗？是否应该将桌椅重新排列成半圆形布局，以利于学生之间展开讨论和辩论，同时更好地保护他们设备屏幕上内容的私密性？课桌应该排列成有利于团队合作的小组集中形式吗？或者，我们是否应该转而回归古典剧场式讲堂，让一排排呈半圆形排列的座位俯瞰舞台般的讲台？

完全取消教室怎么样？学校该不该模仿现代办公空间，采用开放式平面布局、创意空间、个人思维舱和隔音会议室？

班级规模和座位安排会如何影响社交互动和班级参与？这些变化会如何帮助学生掌握他们日后在生活中需要具备的协作、领导力以及创造性解决问题的技能？诸如此类的考虑并非微不足道。在我们开始积极地将职业培训融入教育课程之前，我们必须先将职业培训的元素融入新型共享教育体验。通过在全新教学模式中引入通常被称为"软技能"的内容，我们可以帮助学生为职场做好更充分的准备。

让孩子们在"魔法物件"和数字工具之间找到正确的平衡点

现在，我们来谈谈学科：历史、生物、数学、文学。要把它们全部推倒重来。我们真正需要教授的东西什么？真正重要的东西是什么？忘记应试教育吧。忘记那些你觉得孩子们和年轻人为了在大学申请表上勾选正确的方框而需要学习的东西吧。一切都要从头再来。

从头开始，在孩子们很小的时候，就教他们如何画画、如何将东西粘在一起，还有如何阅读和协作——这些仍然很重要，并且全都不应该改变。如果要改变什么的话，我们应该做的就是增加一点内容。在这些技能的基础上，下一步可能是将更多人机交互融入课堂体验中，例如接触机器人和人工智能接口。教授如何使用从触摸屏到声控软件等常见类型的人机界面。这个想法是为了教会他们如何在一个充满智能物件（或者用孩子们更喜欢的说法，是"魔法物件"）的世界中做到游刃有余。

我们并不是说模拟形式的创造力、动手能力和手工艺技能应该被它们的数字版本取代。恰恰相反：孩子们仍然需要理解真实可触摸的模拟空间关系和现实世界因果关系。现实世界中的错误无法像在屏幕上或虚拟空间中那样轻而易举被删除，这方面的经验教训太重要了，绝不能从孩子们的发展中划掉，哪怕划掉一小部分也不行。

还应注意的是，不要偏爱数字解决方案而轻视模拟解决方案。正确的方法应该强调功能性，应该教会孩子们认识到对不同类型的问题解决方法进行评估的价值，并且让他们自己去了解人机合作什么时候合适、什么时候不合适。例如：这个问题需要使用剪刀还是三维立体打印机？或者：我应该自己解决这个问题，还是应该依靠人工智能产品来为我全盘考虑？

这意味着我们必须为孩子们创建一个全新的价值观体系，特别是在他们与技术的关系方面。这个体系的核心可能在于需要达到平衡。我们是指，孩子们从很小的时候就必须开始了解对数字解决方案依赖过多或过少的风险。我们希望能够帮助他们学会热爱工具箱中的每一件工具——这样一来，当他们开始自己解决问题时，就有能力以自己的方式解决问题。许多人会选择最简单、最顺畅的解决方案；拥有知道如何自己解决模拟问题所带来的信心和知识，将大大有助于他们在生活中找到满足感，并在未来开发出更有效、最终更令人满意的人机合作关系。

教非常年幼的孩子编程也不是坏主意。在越来越多地由人工智能解决方案驱动的世界中，编程可能会出现更加流畅无摩擦的形式，因此我们所说的未必是用现有教学方式教授的"计算机编程"。我们的建议是：由于人机合作关系将继续渗透到我们的日常生活中，早早教幼儿如何为机器编程（并以程序员的身份，而不仅仅是以用户的身份与它们交流）是很有意义的。

为了让教育适应即将到来的人工智能辅助一切的时代，除了纯粹的战术方面之外，我们的当务之急是帮助孩子们发展成为拥有相关能力、可以自给自足，并且兼具实用模拟技能和一系列新型人机合作技能的批判性思考者。换句话说，我们必须努力培养连续多代的混合型技术专家，他们在模拟环境和人工智能驱动的环境中都能如鱼得水。

设计面向人工智能驱动型经济的中小学教育环境、体验和方法

我们的想法不是用一样东西来取代另一样东西，我们也不主张从学校课程表中去除所谓的"非必要"或"低优先级"学科。虽然有人可能会争辩称，科学和数学比文学和历史更有助于培养未来技术专家，但我们并不认同这个观点。在我们看来，当教育

更多地做加法而不是做减法，并且学科设置更丰富而不是更单调时，往往会收到更好的效果。教育的目标应该是培养全面发展的人。

教育应该旨在提供广泛的知识、体验和技能，而职业培训应该侧重于提供深度实践体验和技能，使个人能够在其助益之下成长为拥有相关能力的专家。

重启教育需要将更多而不是更少的学科纳入中小学教育系统。但是，在学校日程安排已经满满当当的情况下，如何才能做到这一点呢？答案是专注有效的东西并精简无用的臃肿内容。例如，我们可以将商业环境中的哪些教训应用到课堂环境中？这里有一个建议：在商业世界中，30 分钟的会议往往比长达 1 小时的会议更有效，那么我们为什么不将一些课程的上课时间从 1 小时缩短为 30 分钟呢？我们并不是建议将所有课时长度都从 1 小时缩短为 30 分钟，但正如某些会议不需要持续整整 1 小时一样，某些课程也可以在学生的一天中占用更少时间。

在本章前面的部分中，我们提出学校可以借鉴企业环境中为员工重新布置和调整各类空间的试验：开放式协作空间、会议室、个人思维舱，等等。在这方面，学校可以重新考虑平面布局以及教室内学生座位的排列方式。为什么不以更接近大多数公司里员工和经理之间互动的方式来对待学校里的师生互动呢？

> 重启教育需要将更多而不是更少的学科纳入中小学教育系统。

这些变化也带来了全新层面的挑战。例如，在数字助理、机器人和人工智能产品大行其道的时代，如何才能确保家庭作业（比如研究论文）真正由学生，而不是由数字代笔者完成？在黑客攻击和网络安全事件屡见不鲜的时代，如何才能保护学校考试生态系统的完整性？可能必须开发基于人工智能的解决方案来标记这些类型的违规行为，但是这只能更有力地说明：技术进步在带来种种好处的同时，也会将挑战和问题摆在我们家门口。我们不希望看到的这些后果也必须经过深思熟虑。

利用数字技术丰富和拓宽教育参与者在教育环境中的"存在感"

我们描述的教育模式能够适应远程学习。我们认识到，随着数字化的持续发展以及社交沟通变得更加顺畅，远程上学的学生比例肯定会增加。为所有教学空间配备屏幕、摄像头和麦克风以及混合现实设备，让身在远方的学生能够参加讲座、课程或项目，这是理所当然的。

一些混合现实技术的组合也很可能会被用来增强这些学生的体验，即使仅仅是为了让他们觉得自己与教师和同学不那么"疏远"。这方面会不会采用虚拟化身或全息投影的形式（或者什么都不采用）还有待观察，但是展望未来，让远程学生在其无法亲身抵达的物理空间中更有存在感，是一件非常有趣并且充满潜力的事情。已经开始有一些例子让我们看到，虚拟现实和增强现实体验如何轻松融入教育，以及这些技术在教育领域可能会有多大前景。虚拟课程（Class VR）公司于2017年成立，是一家已经通过为希望开发虚拟现实（VR）增强课程计划的教育工作者提供VR头戴式显示器、与课程一致的内容，以及相关培训、支持和指南，来抓住这一机会的公司。该公司已经与美国、澳大利亚、英国、中国以及一些中东国家的教师和学生合作，并且可能会与其他了解虚拟现实技术在教育领域的商业潜力的公司合作。

混合现实技术甚至可能是缩短某些课程时长，以及重新思考应该如何设计学校和教室。

将混合现实技术应用于个人学习，可能会有以下影响：

- 如果可以通过 VR 头戴式显示器加配套音频解说的方式进行授课，那么教师是否必须在场向学生讲授人体细胞的内部工作原理？
- 如果这些学生可以使用接受过相关训练的人工智能来解答与授课内容有关的问题，那么教师是否必须在场？

在那段时间里，那位教师可能会腾出时间来做些什么？批改试卷？和另一群学生一起做实验或开展实际操作项目？还是为另外一组学生准备实验室？

如果学生愿意的话，他们将拥有为自己定制个性化课程的实际能力。唯一的问题是，他们的学校和学校系统将在多大程度上允许他们这样做。凭借这种通过相当简单的人机合作实现的能力，中小学教育系统能够准确地提供我们在本章前面部分中提到的那种广泛的教育体验和机会。想象一下，可以选择向母语是德语的人学习德语。想象一下，可以选择向世界上最出色的一些音乐专家学习音乐鉴赏。想象一下，能够去学校向世界各地任意数量的专家学习你感兴趣的任何东西，并且能够安排自己的学习时间，利用闲暇时间在有助于激发好奇心和求知欲的环境中进行学习。这可以通过技术以及教育的"重启"来实现。

技术为需要应对一系列特殊需求的学生开辟了一个充满全新可能性的世界。无论学生要努力克服学习障碍、行动不便等问题，还是传统教育无法妥善解决的任何难题，虚拟现实、增强现实、远程协作和人工智能技术都可以轻松适应他们的情况，从而帮助这些学生找到坚实的基础，让他们能够与处境没那么艰难的同龄人展开竞争。一旦你意识到美国每 10 名公立学校学生中就有超过 1 人患有残疾，将日趋成熟的数字技术用于辅助性用途的特殊领域就变得尤为重要 [1]。

除了能够将教师从一些讲课任务中解放出来，以及支持远程学生以虚拟方式上课之外，利用混合现实技术和远程会议解决方案，学校即使在不具备相应内部资源的情况下，也可以教授某些学科。例如，如果你是一名想上微生物学课程的天才高中生，但是你所居住的学区在 2005 年并不提供这个选项，这就成了一个问题。到 2025 年，这可能就不成问题了。到 2035 年，这肯定不成问题。一旦学校开始更广泛地采用混合现实和远程上课技术，无论学生身在何处，只要那里提供了互联网连接和课程本身的网关接口，学生就可以参加各种课程和讲座。

我们并不认为虚拟教学体验和人工智能会完全取代教师。我们也不认为用机器和预先录制的讲座代替教师是一种有效的教育模式。教师仍然需要围绕一个主题将学生聚集在一起，启发思考、激发动力、促进讨论，并在本质上充当学生团队的"经理"和庇护人。因此，虽然人类教师有朝一日可能会被机器取代，但我们认为他们不应该被取代。人类教师就像跳动的心脏一样维系着教育的生存，并且应该永远都是这样。话虽如此，将教师与机器的合作以及学生与机器的合作结合起来，确实可以推动教育迈进全新时代，并且非常适合人工智能驱动的世界。

数字时代必不可少的新学科

至于哪些新的学科类别应该与文学、科学、数学、艺术和语言一起教授，以下简要列出了一些可以考虑在初中和高中增设的课程主题，它们可能会非常实用：

- 新闻事实核查。
- 伦理学。
- 隐私与数字安全。
- 应用程序设计。
- 与人工智能合作。
- 虚拟建模。
- 远程协作。
- 应用领导力。
- 博弈论。

其中一些学科可能需要与传统学科同样多的时间投入，还有一些学科则可以每次教授少量内容并定期重温。伦理学和事实核查固然至关重要，但可能并不需要设置日常课程，而编程和虚拟建模则可能需要设置日常课程。说到底，如何讲授这些学科仍然是一个问号，但教育工作者、企业领导者和政策制定者需要开始讨论这一主题。

经济方面的考虑

我们意识到，如果学校以及为其提供经费的系统不去认真对待教育领域的适当投资，教育的"重启"就无从实现。我们发现自己处于似曾相识的境地：几年前，当世界各地的企业刚刚开始感受到颠覆式技术变革的影响时，对于是否有必要让组织为即将发生的事情做好准备，绝大多数高管都持怀疑态度，并不愿意将宝贵的资源投入全面数字化转型计划中。我们还清楚地记得，每当说起数字化转型和适应变革的主题时，精通数字技术的初级管理人员和具有前瞻思维的技术专家都会向我们传达一种在劫难逃的感觉，尤其是当所讨论的公司是规模非常大、业务非常成熟的企业时，我们在此就不提这些公司的名字了。

"这件事来得太快了"是普遍共识，而"船大掉头难"则是另一种常见的反应。"这将迫使我们彻底改变业务模式，但他们永远不会放手去做。"

好吧，这些企业还是去做了。大型企业可能船大掉头难，但也会调整航向；在不到十年的时间里，北美和西欧三分之二的企业成功将自己转变为具有竞争力、具备数字能力的公司。这个过程仍在进行中，随着数字化转型最终进入可预测的数字化适应周期，商业组织应该会继续朝着人工智能驱动的世界演化，并且不会遇到太多摩擦。

然而，对于大约三分之一的企业来说，到目前为止，新旧过渡进行得并不是很顺利。它们未能适应新技术、新的业务模式以及在各自市场中保持竞争力的新方法，这可能会导致它们被时代淘汰。

学校系统现在的处境与十年前的商业世界非常相似。前方的道路只有三条：

- 彻底"重启"教育——与本书中的建议保持一致。
- 投资添加技术补丁——会为学校配备新技术，但不会解决未来劳动力需要学校帮助他们解决的任何其他难题。
- 什么都不做——寄希望于"船到桥头自然直"。

2018 年，美国各地的 K–12 教师都在进行抗议，要求提高工资并为学校提供充足经费。听着他们的故事，我们很难想出预算日益减少、无法提供足够教科书，更不用说为所有学生提供课桌椅，并且建筑失修状态逐年加重的学校系统，如何才能让自己像我们所描述的那样实现转型。然而，这正是他们必须要做的。

每个国家的教育系统究其核心都是该国的就业输送管道。如果这条管道输送出无法就业的工作者，那么就会因失业、压力和投资者悲观情绪而产生摩擦。相反，如果这条管道不仅输送出可就业的工作者，还输送出敏捷灵活、适应性强、能够轻松适应现代复杂经济的工作者，那么该国经济就更有可能在创新活动、敢作敢为的态度以及投资者乐观情绪的驱动下变得充满活力。和任何系统一样，回报通常取决于投入的多少：经费充足可以带来令人满意的结果，而经费不足会导致结果不达标。

> 每个国家的教育系统都是该国的就业输送管道。

如果不重视教育和职业培训管道，就无法促进经济发展。正如许多公司要比其他公司花更多时间才能意识到如果不认真对待数字化转型，就无法再保持竞争力一样，一些国家可能要比其他国家花更多时间才能适应这一基本现实。

新学校会取代旧学校。新技术会不可避免地来到学生手中，充满全新机遇和挑战的教学和培养方式将取代过时而低效的方法，教育系统会进行相应调整并经历发展演变。与此同时，实现这一转型所需的经费也会如此。即使我们开始看到公共教育与私营企业之间开展更多合作，这无疑是个可行方向，但教育的演变就像企业及其所在经济环境的演变一样不可避免。

是否应该将职业培训融入大学教育

我们已经看到了职业培训的许多方面——例如计算机技能、问题解决、团队合作以及与人工智能协作等与学科无关的核心能力——如何顺理成章地融入广泛的教育课程。到了从提供广泛的知识和技能转变为深入的实践、专业知识时，在 12 年的中小学教育过程中获得的基本技术、管理和批判性思维技能应该为构建行之有效的职业培训或职业准备计划提供坚实而灵活的基础。

在这里，我们遇到了一个岔路口：大学应该起到教育机构的作用还是职业学校的作用？它们应该成为其中一个还是另一个？集两者于一身现实吗？

请回想一下我们之前所说的前提：教育应该把学生培养成通才，而职业培训应该把他们培养成专才。即使越来越受人工智能驱动，经济发展中也都需要技能熟练、能力合格的工作者和决策者。无论有多少机器开始取代这些角色，经济发展中仍然需要人类来完成大部分工作，至少在可预见的未来都将如此。哪怕不是这些特定的工作，也会是机器无法做得和人类一样好（或者规模足以完全取代人类工作者）的其他工作，或是新型人机合作关系孕育出的新工作。简而言之，无论有多少机器开始执行曾经由人类工作者执行的任务，社会对技能熟练、能力合格的人类工作者的需求即便最终会消失，也不会很快消失。因此，社会对职业培训的需求也不太可能画上句号。

这就带我们回到了那个岔路口：大学应该侧重培养更多受过高等教育但缺乏专业技能的通才，还是应该侧重培养具备市场所需技能的高技能专才？

这是围绕文科大学（或课程）与职业学校的价值争论所探讨的核心问题。除非你已经在经济上独立，否则，你或许会思考这样一个问题，在更切合实际的做法是攻读法律、系统工程、医疗保健、工商管理或工程学等专业学位的情况下，取得历史或英国文学学位还有没有意义？

随着自动化以及零工经济（兼职和全职承包人取代传统员工）的扩张，继续引导聘用技能熟练的专家而不是技能不熟练的通才，这个问题正变得越来越具有切实相关性。

我们或许可以通过一种更好的方式提出这个问题，就是考虑在一个两者确实都可以创造价值的社会（而不仅仅是一种经济）中，受过高等教育的通才与高技能专业人士的理想比例是多少。虽然熟练专家所创造的价值可能更容易衡量和理解，但是我们应该注意不要低估思想领导力、学术专长、创造力、文化意识和专业知识的价值，而这些都是文科教育受益者的标志。我们认为：虽然将职业培训和职业准备放在优先级高于文科学位和（以牺牲职业培训为代价）追求高等教育的位置，似乎是合乎逻辑的权宜之计，但是我们必须克制住建设完全由技能熟练的"工蜂"构成的社会这一冲动。一个人类社会，尤其是一个越来越依赖机器和人工智能运作的社会，必须继续培养艺术家、哲学家、诗人和思想领袖。正如经济不仅限于股票市场一样，社会也不仅限于经济。艺术家和思想家对于社会不可或缺，我们应该鼓励和保护旨在吸引、培养和支持他们的机构和项目。

> 我们必须克制住建设完全由技能熟练的"工蜂"
> 构成的社会这一冲动。

虽然大多数人应该都能在闲暇时间自由追求知识以及任何激发他们热情的东西，但是也许大多数高等教育机构都应该优先考虑职业准备和职业培训。一个社会需要艺术家和思想家吗？绝对需要。但是，假设 K–12 学校系统正确地完成了本职工作，那就已经为每个 20 岁左右的年轻人打下了进行思考和创造的基础。理想情况下，填补这种基本角色不应该是大学的工作。世界还需要工程师、医生、实干家和生产者的输送管道，而大学尤其有能力造就他们。因此，大多数大学应该开始更多地将其职能视为专业院校，而不是"高等教育机构"。将"二八法则"应用于这个想法，可能是个不错的起点。

看待这种转变时，最简单的方法就是询问一所大学正在培养什么类型的毕业生：是向世界输送专业人士，还是仅仅输送毕业生？换句话说，这些毕业生能做什么？他们会去哪里？

医学院培养的是医疗保健专业人员，法学院培养的是法律专业人士，工程学院培养的是工程师。一般来说，专业院校都会培养出合格的专业工作者。无论专业培训计划持续八周还是八年，其目的都是培养具备市场和企业主所需技能的合格专才。如果帮助学生为这一职能发展阶段做好准备的教育系统有效发挥作用，就能在教育（知识广度）和职业培训（技能深度）之间取得平衡。在一个不仅仅看重充分就业和个人生产力的社会中，对于大多数社会成员来说，这应该是教育和培训生态系统十分明确的联合目标。

向私营部门寻求新的教育和职业培训机会：文化、价值观、方法以及未来公私合作

接下来，我们暂且放下内部培训计划，谈谈有着特定需求的大型企业与地方及州政府合作开展教育和职业培训项目的机会，即能够为未来员工提供独特的定制培养方案的学校（或学校内的一个项目）。

一家科技公司可以资助和协同管理一所学校（或学校内的一个项目），由该学校（或项目）识别、招募和培训学生，目的是在他们毕业后聘用他们。在收费学校中，这家公司可以建立私人和公共奖学金相结合的机制来资助有前途的申请人。这种类型的尝试可以从中学开始，随后延伸到中学后的项目，这些项目可以设在综合性大学，也可以设在专门为此设立的职业学校。

让这个想法更进一步：想象一下谷歌、微软、国际商业机器公司或苹果公司，这些公司不仅从麻省理工学院、加州理工学院和哈佛大学等顶尖学校招聘人才，还在大学内（或与大学合作）打造联合赞助（甚至企业冠名）的培养方案。这些计划不仅可以用来识别、吸引和培养未来的员工，还能用来做更多事情。更重要的是，通过这些计划，企业还可以在未来员工还是学生时就向他们灌输公司的文化、价值观和方法。

这种通过创建类似大学的机制来向未来专业人士灌输文化、价值观和方法的理念并非新鲜事物。军事学院和神学院早在几个世纪前就开创了这种模式。20 世纪 50 年代中期至 60 年代，企业界开始根据自身需求运用该模式，例如迪士尼和麦当劳：迪士尼大学（成立于 1955 年）和汉堡大学（成立于 1961 年）旨在教授、塑造、培养员工，并帮助他们为成功的职业生涯做好准备。尽管没有像传统学院和大学那样得到官方认可，当然也没有融入大学课程项目，但是它们为员工创办实体学校而不是让他们仅仅接受入职培训或传统企业培训计划的想法，是出于寻找将培训融入教育的更好方法的需求。

大学可以将自己的文化、价值观和方法烙印在学生身上，但如果没有谷歌、微软和苹果公司的参与，它们就无法将谷歌公司的文化、微软公司的价值观或苹果公司的方法烙印在学生身上。这是从教育到培训再到工作这条输送管道中的根本摩擦点：随着组织开始认识到文化、价值观和方法对其自身持续成功的重要性，新员工在这三个维度上的欠缺就给员工、聘用组织、大学以及专业院校带来了麻烦。

通过与主要企业主和科技行业的特定企业主合作，大学和专业院校可以更好地培养这些主要企业主进行未来建设以及推动其未来发展所需的专业劳动力。不难想象，科技公司和大学之间的研究合作关系（在人工智能、工程学、机器人等领域）可以演变成更加结构化的成熟职业准备方案，而国际商业机器公司、微软、谷歌甚至亚马逊和苹果等公司可能会在接下来十年中开始针对这些领域开发更加正式的大学课程。

让传统教育机构适应人机合作大行其道的新世界

对于将会使用机器人工具和人工智能驱动的助手为患者做手术的医生，以及将会使用 20 世纪的工具做手术的医生，你会采用不一样的教学方法吗？

答案显然是"会"。

思考人机合作关系会对我们培训未来专业人士以及教授他们实践技能的方式有何影响时，我们很快就得出了相同的逻辑结论：大学和专业院校不得不投资增强现实和虚拟现实技术，人工智能功能，复杂的云计算、雾计算和边缘解决方案，以及物联网解决方案、机器人、虚拟设计工具、企业级业务分析与决策工具。它们不得不教会未来的工作者如何构建、组织、培训和管理人工智能、机器人和数字助理团队。此外，它们也不得不教会企业领导者如何构建和管理技术驱动型组织。在这方面，我们也看到大学课程项目和专业院校与技术供应商有机会合作提供现实世界工作者需要实践经验而不仅仅是理论知识的培训类型。思爱普、思科、国际商业机器公司、字母表（Alphabet）[①]、微软、亚马逊、达索系统、赛富时等公司有机会与这些机构合作，帮助各自领域的未来工作者和领导者熟练使用它们的产品。就像这样：除了教会学生熟练运用 Excel 和 PowerPoint 的基本功能之外，还教会学生熟练运用多机器人管理、

――――――――――
① 谷歌公司的母公司。——编者注

混合现实协作和伦理学人工智能偏见解决等方面的基本技能。大学和专业院校要想保持竞争力，就必须尽早开发这类新课程，并且最好在尽可能多样化的技术合作伙伴生态系统帮助下开发这些课程。

为了正确地完成本职工作，大学和专业院校还必须教会未来的工作者如何从过去大多数人机合作关系中具有代表性的老一套"工具 / 使用者"二维化思维方式，转变为更具共生性的人机合作思维方式，而后者将定义我们与机器一起完成日常工作的方式。而且，它们必须跟上学术界以外的变化步伐。这意味着大学不得不改变它们历来习以为常的做法，以更快的速度更新它们的课程、技术、方法和学生评估标准，以满足企业主的需求。对于那些在其大半部历史中都对自己变化非常少且非常慢的传统作风引以为豪的学术机构来说，加快变革步伐这件事可能会来得尤其艰难。然而，和所有其他行业一样，能够（或不能）在人工智能驱动的世界中快速适应变化并敏捷行事，会对学术机构的价值、相关性和生存产生直接影响。

人工智能和技术领域的文科专业人士

有一则关于文科教育价值的笑话流传了几十年，大体是这样说的：

工程专业的人会问："它的工作原理是什么？"

会计专业的人会问："它的价格是多少？"

文科专业的人会问："要不要配炸薯条？"

然而，在现实世界中，大多数文科专业的人并没有真正将快餐店作为最终的工作地点。美国学院与大学协会 2014 年的一项研究显示，到了 56 ~ 60 岁（收入高峰期），文科专业的人平均年薪峰值接近 6.6 万美元，比拥有其他专业学位的同龄人高出约 2000 美元 [2]。

电子商务先驱兼泛酷（Overstock）首席执行官帕特里克·拜恩（Patrick Byrne）、联邦快递创始人兼首席执行官弗雷德·史密斯（Fred Smith）、迪士尼首席执行官鲍勃·伊格（Bob Iger）、企业办公通信软件 Slack 的斯图尔特·巴特菲尔德（Stewart Butterfield）、油管（YouTube）首席执行官苏珊·沃西基（Susan Wojcicki）、爱彼迎（Airbnb）首席执行官布赖恩·切斯科（Brian Chesky）和脸书首席运营官雪莉·桑德伯格（Sheryl Sandberg）等人都是文科专业人士。在技术领域，文科专业人士一直都有一席之地，而随着我们迈向人机合作驱动的经济，这一点也不会改变。

其中一个原因，是文科专业人士能够以更开阔的思路思考 STEM 同行可能无法解决的问题（比如新技术或新的产品功能带来的意外后果），将创造性思维运用于设计方面，以及对广泛的用户需求和体验产生共情。我们今天最喜爱的数字设备上漂亮的曲线、考究的材质和人体工学设计不仅仅是工程学的结果。产品设计是一个创作过程，需要运用软技能、直觉和文化意识。在由技术驱动的世界中，用户体验就是一切（毕竟我们生活在体验至上的时代），拥有文科背景的产品和用户体验设计师可以对公司的成功乃至未来产生深远影响。

> 文科专业人士能够以更开阔的思路思考 STEM 同行
> 可能无法解决的问题。

为了帮助机器变得更加人性化、更好地与人交互、更好地与人合作以及更好帮助人类做出决策，我们需要让文科专业人士与 STEM 和商学院的同行坐在一起开展讨论。

按需进行的持续培训势在必行

一些人认为，学生坐在教室里上课是一种"老派"行为。现今的教育应该是在线的，不是吗？当你在家、在火车上都可以学习时，何苦还要去教室呢？不过，我们要说的是，对于那些勤奋好学、志存高远的学生来说，去学校上课并遵循严格的课程和考试时间表已经不再是唯一的选择。

我们会采取这样的做法：一只脚迈进教室和报告厅那个传统形式的培训世界中，另一只脚则迈进了另一个世界，可以借助联网笔记本电脑、智能手机、平板电脑、增强现实眼镜和虚拟现实耳机等便携工具，随时随地进行学习。尽管这个计划听起来很美妙，但我们当中的大多数人都要打理事业，要陪伴家人，要支付账单，我们无法做到每当需要学习新技能或者取得某种新证书时，就让工作和生活暂停下来。

在谈论这个主题之前，我们有责任提醒大家：并非所有培训机构都得到了正式认可，并非所有教师都有资格任教，而且并非所有教育或培训项目都值得修读。在报名任何课程、项目或认证计划之前，请先研究一下。要学会分辨良莠不齐的各种"培训机构""教师"和"认证"。

假设你非常清楚哪些在线和远程项目合法、哪些不合法，那么远程教育的美丽新世界现在就任你驰骋了。要学习一项新技能，你所需要的只是合适的界面、顺畅的互联网连接、有效的付款方式，以及日程表中的几个时间段。对数据可视化建模感兴趣？网上有这方面的课程。对仪表板设计和管理感兴趣？网上也有这方面的课程。你是否需要开始学习如何编写代码，或是如何使用移动协作工具，或是如何为你的团队构建人工智能驱动的工具？针对这些需求，你都可以找到相应的在线课程。如果几年前流行的说法是"有个应用可以帮你"，那么现在的新版本就是"有个在线课程可以帮你"。

我们要强调一下提出上述观点的原因：无论是在校学生还是已经拥有丰富经验的专业人士，最终都必须更新自身技能并获得新技能。鉴于目前正在发生的种种变化——更不用说这些变化的速度，职业生涯中的持续培训会变得比以往更加势在必行。你需要学习新技能、适应新工具、经常改变做事的方式，这样做，你很快就会开始觉得在线培训成了你工作的一部分，因为事实就是如此。

就像人机合作一样，持续培训必须先成为一种态度，然后才能形成习惯。你必须了解为什么这件事很重要，以及它的重要性体现在哪些方面。你必须能够用实实在在的说法而不是抽象术语来清楚表达它的价值。你不仅要了解还要接纳这样一个事实：持续培训是提高适应能力的关键，而适应能力又是你为企业主、合作伙伴或投资者提供价值的关键。以下需要回答"是"或"否"的问题决定了你的价值：

- 你是否掌握了相关技能？
- 你是否知道如何做（使用某项技能）？
- 比起最简单的替代方案，你是否更擅长某项技能？
- 比起最简单的替代方案，你是否更具成本效益？

就是这样。

拥有新的热门技能（或是在任何相关情况下需要的旧的基本技能）会对以上四个问题中至少三个问题的答案"是"还是"否"有影响。如果你关心自己的职业生存能力，你就会努力确保答案始终为"是"。如果你更喜欢采用更加积极主动的方法来开发职业机会，那么你也会努力确保答案始终为"是"。在任何一种情况下，都必须确保你的技能组合合乎需要并及时更新，这一点与你的工作对你提出的所有其他要求一样重要。而且你的工作很快就会要求你了解如何构建和管理虚拟团队以提高工作效率，以及如何自动执行可以适当自动化的任务。

随着人工智能解决方案为全球几乎所有行业的工作者和领导者打开新的大门，如果你能及时学习如何利用这些新型解决方案保持相关性，同时提高生产效率、改进结果并积极改变你的工作场所，那么这种能力就会成为你在整个职业生涯中的核心竞争力。对于希望在人工智能驱动型经济中保持相关性和竞争力的人来说，充分利用按需进行的持续培训都必须成为一门职业"必修课"。

第七章

消费者如何迎接
人机合作时代

人机合作如何影响我们的日常生活

如果我们不承认个人的职业生活和私人生活正越来越多地交织在一起，就无法讨论技术将继续对消费者的日常生活产生怎样的影响。

这不仅来自工作场所期望以及工作与生活界限的变化，还来自智能手机、平板电脑和笔记本电脑，加上无处不在的互联网连接，还有激增的移动办公应用（从传统电子邮件到协同办公软件）。

虽然法国等国家已经采取措施来重新建立其中一些界限（在法国，员工在下班时间不回复工作电子邮件的权利受法律保护），但是世界上大多数国家迄今为止都未能充分解决这个摩擦点，而且我们预计这种趋势至少会持续到下一个十年[1]。

尽管与工作相关的人机合作关系和非工作人机合作关系之间没有明确的界限，但我们会尝试将后者作为本章重点：消费者应该如何准备迎接下一个人机合作时代？

在深入探讨这些合作关系的发展方向之前，我们先花点时间强调一下人工智能和自动化等颠覆性数字技术已经在通过一些方式改变着消费者管理事务的方式。

从搜索引擎到推荐引擎

了解消费者如今获取和消费信息的方式，会是一个很好的起点。在过去二十年中，报纸和杂志已经实现了数字化。根据 2017 年美国皮尤研究中心的一项研究，在美国，67% 的人通过社交媒体而不是传统新闻媒体获取新闻，45% 的人通过脸书获取新闻[2]。

> **算法现在指导着人们分享、获取、推荐和管理信息的方式。**

　　此外，谷歌和必应等搜索引擎现在可以帮助消费者搜索新闻、相关内容和问题答案，这改变了消费者与信息进行交互以及消费信息的方式。无论是好还是坏，算法现在指导着全球数十亿消费者分享、获取、推荐和管理信息的方式。报刊亭、电视机和收音机不再是他们的首选信息来源。

　　人们很容易忽视这样一个事实：以搜索为中心的算法是最广泛也最具变革性的人机合作关系之一，已经改变了消费者的生活。无论是搜索新闻、产品评论、随机的历史或文学知识、公共交通时刻表、医疗建议还是节假日度假套餐，世界各地的消费者已经在以每秒超过 4 万次、每年超过 1.2 万亿次的频率向机器寻求帮助[3]。

　　我们先看看所谓的"搜索引擎"，因为它们是我们所有人每天都在利用的非常成熟的人机合作，我们对它们已经非常熟悉。然而，消费者需要认识到：搜索引擎其实是推荐引擎，因此可以被用来影响我们生活的方方面面——从我们购买什么到我们相信什么，都会受到它们的影响。一些技术平台有助于塑造我们的意见并指导我们的行为，所以我们可能需要换一种说法，以便反映消费者和这些技术平台之间在权力平衡方面的这种转变。"推荐引擎"可以提醒我们这些工具实际上会做什么（而不是消费者会对它们做什么）。

　　在最理想的情况下，推荐算法会以"老管家"的身份工作，根据其用户的需求来提供最佳推荐。但在不太理想的情况下，如果某个搜索引擎违背原则或是不够以用户为中心，它可能会选择以最符合广告商利益的方式进行推荐，在用户毫不知情的情况下改变推荐内容的显示顺序或是完全屏蔽某些类型的推荐。

例如，谷歌公司在 2017 年因偏袒自己的比较购物结果而被欧盟委员会罚款 27 亿美元[4]。虽然技术媒体和媒体平台出于私利而操纵推荐的行为可能不至于被归为"老大哥"的行列，但是这些类型的行为与以用户为中心的"老管家"模式背道而驰，而每当消费者选择使用推荐引擎时，他们可能都会想当然地将它们视为"老管家"。

随着消费者已经变得依赖这种特定类型的人机合作关系，组织可以在多大程度上利用算法对热门推荐进行幕后操纵，由此塑造公众舆论、引导消费者对产品的取舍以及传播错误信息等，这个问题应该引起我们所有人的担忧，并且需要接受更仔细地审查。

有人可能会争辩称，像脸书、推特（Twitter）和油管这样的平台利用算法向特定用户推荐内容和广告，是在小心翼翼地"走钢索"—— 一边是提供以用户为中心、为用户量身定制的最佳体验，另一边是利用人性的弱点来影响人们的意见、行为和行动。不妨想想看，虚假新闻和误导性广告的发布者是多么容易瞄准特定的人群。再想想看，通过改变算法来提高特定内容类型的排名是多么容易。而且不要忘记，通过由合法用户、虚假账户和机器人进行的病毒式分享来利用这些平台传播欺诈性内容是多么容易。

消费者需要认识到：在确定他们所选择的人机合作关系是不是有毒或有害这件事上，责任完全落在他们身上。即使监管机构强制要求这些工具上加上警告标签和免责声明，消费者也必须随时随地保持足够的警觉、意识和主动性，以保护自己免受推荐引擎武器化的伤害。

为什么信任会是下一个"杀手级应用"

顺着这个问题，我们来谈谈信任这一话题。所有合作关系都建立在信任的基础上，任何没有信任基础的合作关系都无法持久。这意味着，我们要想成功推动以消费者为中心的人机合作得到采用和普遍使用，就必须让信任在未来构成人机合作关系的每个平台、技术和用例中处于核心地位。

我们必须能够相信我们的自动驾驶汽车不会撞墙。我们必须能够相信我们的智能家居产品不会被用来窥探我们或侵犯我们的隐私。我们必须能够相信我们的机器人护工不会意外地用错药。我们必须能够相信我们的人工智能助理不会与未经授权的各方共享我们的财务、医疗和个人信息。我们必须能够相信分析我们线上和线下行为的算法不会被怀有敌意的第三方使用。

每个面向消费者的平台、应用和技术都必须让信任处于核心地位，才能充分发挥潜力。了解这一点的公司将蓬勃发展。

欢迎来到"AI Inside"（人工智能在里面）时代

阅读本书的每个人一定都很熟悉英特尔的经典广告语"Intel Inside"（英特尔在里面）——它标志着设备搭载了英特尔芯片。这是一句巧妙的广告语，一种有效的营销宣传，也为我们的讨论提供了进入下一部分的绝佳跳板。随着人工智能开始融入我们的日常生活，我们可能很快就会开始看到越来越多与我们交互的物件被注入了某种形式的人工智能相关功能。

进入数字助理。无论你选择亚马逊 Alexa、苹果 Siri、微软 Cortana、谷歌 Google Assistant 还是其他任何助理，数字助理似乎都会成为下一代界面。当你听到记者和分析师谈到语音会是下一代界面（取代触摸）时，他们所说的就是数字助理。你无须在心爱的联网设备上使用屏幕或键盘输入搜索查询，只需说出来即可。通过将边缘计算与云计算相结合，软件可以处理和分析你的口头命令、执行查询，然后在屏幕上以及通过语音界面做出响应。

2016 年，超过 40% 的成年人已经每天都在使用语音界面和数字助理来搜索食谱、播放音乐、安排会议、免提接打电话、打开电视、在车内获取路线以及进行线上购物[5]。人性化的人机交互方式非常轻松便捷，甚至堪称新颖迷人，这些特点正在促进语音界面技术快速得到采用，而其中处于核心位置的正是人工智能驱动的数字助理。

从技术角度来看，这不仅仅是人类偏好的问题，数字助理在代码方面的难题已经被攻克，我们没有回头路可走。人工智能不一定需要互联网连接：语音、面部和手势识别功能、自然语言处理、智能功能甚至安全性，现在都内置于驱动智能设备的芯片。虽然人工智能可以存在于云端并且往往确实如此，但其功能核心现在位于数字网络的边缘，位于进行交互的硬件内部。智能设备都具有一定程度的内置人工智能功能，这些功能将在未来几十年中继续得到提升和发展。

基于云的面向消费者的应用也是如此，其中包括我们之前讨论的推荐引擎，以及品牌用于提高客户忠诚度、促进购买和增强推荐的高级客户关系管理系统。人工智能可以在正确的时间用正确的优惠吸引客户，为公司找出优化信噪比的机会。人工智能还可以识别出哪些客户可能会失去兴趣，并在他们走得太远之前有针对性地提供特别优惠或奖励。人工智能可以扮演"老管家""老母亲"的混合角色，推荐某些产品和服务，并适时自发提供建议。

当智能计算机担任业务发展和客户服务双重角色时，就有无限机会来优化消费者友好型交易体验。销售、营销和客户服务等部门曾经相互竞争、彼此脱节，无法大规模地实时协同运作，而人工智能驱动的软件可以做到，并且与设法让人类做到这一点相比，所需成本只是后者的零头。

人工智能驱动的 CRM 算法甚至可以优化与消费者的非交易交互。一旦航空公司知道你将在 48 小时后出行，人工智能可能会决定向你发送一条短信，其中包含了与打包和旅行有关的温馨提示。在起飞前 24 小时，人工智能可能会向您发送有关需要随身携带哪些证件的提醒，以及出发机场和航站楼相关实用信息的链接。在转机过程中，人工智能可能会向你发送下一个登机口号码和登机信息。同一类自然、直观、自发的数字助理功能可用于帮助消费者在逛杂货店时把握良机、在锻炼身体时得到激励，或是在探索陌生的地方时确保人身安全。

无论是通过个人设备还是公共界面，人们始终可以使用直观易懂、心怀善意且足智多谋的数字助理——这是"AI Inside"（人工智能在里面）时代的核心，而这个时代将推动面向消费者的人机合作关系向下一个阶段迈进。

谷歌公司的语音助手 Duplex 被科技新闻网站数码趋势（Digital Trends）称为"有史以来最智能的聊天机器人"，并于 2016 年春季面世。它有一个雄心勃勃的目标：将如今处于初级阶段的人工智能（能够进行基本的自然语言分析，但难以突破类人功能方面的局限）转变成栩栩如生的人工智能，也许能够通过图灵测试[6]。Duplex 的具体目标包括：创建一个听起来栩栩如生的人工智能——可以实时分析用户的情绪和心理状态；可以记住之前的对话以便在需要时再次引用它们；还可以记住上一次对话聊到哪里结束，稍后可以重新拾起这个话头。

这就是人工智能接下来的发展方向：不是受科幻作品启发的那种口吻温和、听起来酷似机器人的助手，而是能够完美模仿人类语音模式、语气、情绪、个性和行为，听起来完全就像人类的人工智能。不仅如此，人工智能还将能够模仿人类的微妙情绪，从而在用户最需要的时候向他们传达同理心、同情心、幽默和关怀。

人工智能和自动化如何推动智能家居的发展

智能家居是面向消费者的人机合作关系中最显而易见的类别之一。前提很简单——智能家居有望将数字助理的功能扩展到整套住宅。

要了解智能家居技术的大规模采用将带来怎样的根本性变化，不妨想想任何现代住所中常见和常用的两个界面：门钥匙和电灯开关。几十年后，两者都有可能不复存在。

钥匙已经开始从汽车体验中消失。无钥匙进入系统和无钥匙启动系统几乎消除了对实体钥匙的需求，让实体钥匙降级为在以上系统发生故障时用来摆脱困境的应急工具。住宅可能是下一个发生这种情况的地方。如果只需按一下按钮或者说一句简单的语音命令即可打开门锁，为什么还要随身携带钥匙呢？如果只需凭借你的脸和声音即可让面前的门上锁和开锁，为什么还要随身携带一把钥匙或一套钥匙呢？如果电子锁取代了传统锁，消费者将不需要随身携带任何钥匙。[1]

---

[1] 目前的智能门锁已经实现本段描述的场景。——编者注

电灯开关的发展也如此。如果用一句语音命令就能让电灯亮起来，为什么还要走到电灯开关前用手开灯或关灯呢？为什么要停在那里？通过同一个语音界面，我们不但无须起身走到墙壁开关前即可开灯和关灯，还能调暗或调亮灯光、调整灯光色调，以及将灯光设置为各种节能模式。

钥匙和电灯开关：也许几十年后，人们只能在照片上和博物馆中看到它们。它们的消失将标志着传统家居向智能家居的演化。

人们很容易误认为智能家居的时代仅仅意味着家中充满了人工智能驱动的小工具，但我们相信即将发生的变化会是更加根本性的：我们的家将不再仅仅是住所。我们的家很快就会开始在以下方面发挥积极作用：照顾我们、烹饪我们的食物、补充我们食品储藏室的存货、保证我们的人身安全、保证我们的身心健康、保证我们了解外面的世界并与外界接触——人类历史上从未出现过这种情况。智能家居技术有望使住所成为在人们日常生活中发挥积极作用的伙伴。

想想以下情形：智能家居所肩负的任务是监测个人的生命体征和身体健康状况、检测家中的电气火灾或煤气泄漏等紧急情况、实时报告犯罪行为或是监测居住者的营养和健康状况。智能家居由此可以报告多少次医疗紧急情况并挽救多少生命？可以避免多少灾难？可以预防多少犯罪或是为破获案件提供多少线索？可以让多少人过上身心更加充盈的生活？而在所有这些例子中，智能家居可以在多大程度上不仅被动进行监测、警报和报告，还能进行预防、做好准备并解决问题？

例如，智能家居设备或许能够自动检测并立即报告虐待儿童、虐待配偶、非法闯入、袭击甚至谋杀事件。智能家居设备收集的数据或许能够检测出营养缺乏问题或者诊断出健康状况，比如智能睡床已经可以帮助人们识别和解决睡眠障碍。智能家居设备或许可以帮助优化水电消耗、监测环境条件，检测并滤除各种环境污染物，如霉菌、烟雾、过敏原、有毒气体。智能家居设备或许可以在家长不在家时帮助确保孩子在做作业，确保家中每台设备都开启了家长控制，确保孩子不会置于危险之中。

智能家居或许可以在延长身体条件脆弱者的生命方面发挥关键作用，例如对于阿尔茨海默病患者，确保其在正确时间服用正确的药物；确保已连接墙上电源的电气设备不要靠近成滩的水；确保门窗在应该上锁时锁好；确保如果患者迷失方向、犯了糊涂或陷入困境，可以通知合适的人。

智能家居同样可以帮助孤独症和抑郁症患者，包括与他们交流、促进社交互动以及帮助他们将注意力集中在积极而非消极的想法上。尽管不能替代治疗或人际接触，但智能家居的人工智能可以成为园艺教练、烹饪老师、宠物沟通师、数学教师、私人读者、治疗师、健身教练、医疗顾问，甚至在需要时担任哭诉对象——所有这些角色都可以改变成百上千万人的生活。我们不难想象，智能家居不仅可以成功对抗孤独，有朝一日还将有助于预防自杀。

智能家居不是为了追求新奇而为各种电器添加语音和肤浅的人工智能功能。展望接下来几年，智能家居的价值给生活带来的变化将会远大于你目前可能会在电子产品商店看到的那些。在即将到来的人工智能驱动人与家居合作的时代，智能照明和智能扬声器在监护型家居、陪伴型家居以及照护型家居中不过是一些皮毛而已。

人工智能和自动化如何影响交通运输和基础设施

我们可以轻而易举地用一整本书的篇幅来专门讨论人工智能和

自动化可能会对交通运输产生怎样的影响，但由于篇幅有限，我们来重点关注一下这场即将到来的革命中最关键的几个方面：自动驾驶乘用车辆、自动驾驶商用车辆，以及自主公共交通基础设施。

在真正讨论具体用例之前，我们必须说说那些让自动驾驶汽车最终可以驶入现实世界（特别是在交通繁忙并且往往拥挤不堪的城市环境中）的技术架构。一方面，车辆必须具备一定程度的内置自主权，这是在传感器、计算机视觉和复杂的车载人工智能支持下实现的——但是这还不够。为了让自动驾驶汽车能够安全地与其所在环境交互，它还必须依赖三个额外的系统，并且必须能够同时管理这些系统，并将它们集成到车载导航及自动驾驶系统中。这三个系统通常被称为 V2V（车辆与车辆通信）、V2P（车辆与行人通信）和 V2I（车辆与基础设施通信）。

如今的大多数智能车辆和半自动驾驶车辆都配备了 V2V 系统，因此能够识别其他车辆，感知它们的大小、速度和行驶方向（在适用情况下），以及解读它们的行为（例如加速、转弯、漂移或制动）。这些 V2V 系统涉及的范围很广，包括在基础传感器支持下实现的通知驾驶员"盲点"中存在汽车的功能，以及可在紧急情况下补偿驾驶员延迟反应的驾驶员辅助和防撞系统——遇到紧急情况时，这些复杂的系统可以自动启动安全控制并引导驾驶员的行为。除了已经变得相当可靠的自动泊车功能之外，V2V 系统目前是三种系统当中最先进的，而 V2P 和 V2I 系统仍然落后。

尽管计算机视觉技术突飞猛进，但我们仍然很难让今天的半自动驾驶汽车在各种天气和光照条件下可靠地识别周围环境中的行人，更不用说教会车载自动驾驶仪预测他们的行为了。此外，半自动驾驶汽车也很难与周围的基础设施对接。迄今为止，上述基础设施尚未专门针对自动驾驶汽车性能或安全性的优化进行调整，尤其是在人口稠密的城市环境中。

令人遗憾的是，尽管种种营销活动和品牌新闻报道对即将到来的自动驾驶汽车革命大加宣传，我们当中的大多数人可能在短时间内并不会乘坐自动驾驶汽车去上班或是去看牙医。要想让现在的城市如我们所愿，在未来转变成对自动驾驶友好的城市，就必须对交通基础设施、芯片、人工智能、边缘计算，甚至第五代移动通信网络进行大规模投资，以此构建必不可少的 V2I 连接基础架构。真正的问题不是技术，而是对新型基础设施的投资规模。将我们的道路、街道和城市改造成行人和自动驾驶汽车可以共存的空间将是一项极其艰巨的任务，可能需要几十年才能完全实现。

车辆自动驾驶对交通运输的影响到底会呈现出怎样的轨迹，这一点尤其难以预测，因为它会让消费者对拥有汽车的需求产生疑问。为什么？因为在汽车可以自动驾驶的未来，当你不用车时，汽车也可以自动停放，可以从洗衣店取走洗好的衣物并送到你家，甚至可以寻找途中适合搭顺风车的其他乘客。如果未来的世界充斥着自动驾驶汽车，并且它们被赋予了远远高于现今水平的自主性，那么从单辆汽车的利用率方面来看，汽车将会从价格昂贵、贬值迅速、大部分时间闲置又很占地方的个人交通工具，变成运行流畅、利用率很高的运输机器人，有可能每天为数十乃至数百位用户提供服务。

问题变成了这样：如果你的自动驾驶汽车可以载客赚钱，或者通过为你跑腿来发挥实用价值——比如接孩子放学或是去快餐店里取回今天的晚餐，为什么还要在你工作时让它整天停放在停车位上呢？一旦你开始把自己的汽车看作实用的交通运输机器人，而它现在也确实是这样了，你就不得不开始问自己：自己拥有汽车还有没有意义？或者，也许可以换一种方式，共同拥有汽车会不会更有意义？又或者，甚至是按月订阅车队使用服务，让你能够随时使用数百辆汽车中的任意一辆，并根据你的个人用车情况向你收费，这样又如何呢？换句话说，随着汽车变得完全自动，并且它们的利用率也以如上所述的方式增加，那么我们所有人迄今为止所熟知的传统汽车所有权模式是否也有可能发生进化？自动驾驶汽车会不会变得高度商品化，以至于我们开始在更大程度上将它们视为自动驾驶出租车而非个人财产，尤其是在城市环境中？

这种情形会涉及一系列惊人的影响，因为这会迫使土木工程师、城市规划师和公共交通管理部门完全重新考虑他们的基础设施方案。增加每辆车的利用率可能会导致一天之中的交通流量增加，但在以前的高峰拥堵时段也许可以减少拥堵。此外，增加每辆车的利用率还意味着必须在全城范围内安装更多充电桩，以保持这些车队全天候运行。这也意味着所需的停车空间会大大减少，因为白天停放不用的汽车会有所减少。仅仅在一个城市中，就有可能不再需要数以万计的停车位，从而可以腾出空间来拓宽人行道、增加绿地和建造新建筑。自动驾驶汽车车队可以消除城市中某些区域对地铁、公共汽车和有轨电车的需求，因为它们将成为公共交通的替代形式。

即使在郊区，从传统汽车所有权转变为商品化的按需用车服务也意味着房屋可能根本不再需要车库，因此房主可以更有效地利用房屋建筑面积，或是建造占地面积更小的房屋。

此时，即使在我们还远未到达那个阶段时，让自动驾驶汽车上路所带来的好处也有望每年改变数以百万计摩托车骑行者、自行车骑行者和行人的生活。智能车辆最终应该还可以帮助消除人类驾驶员的危险行为，比如酒后驾驶、分心驾驶、攻击性驾驶、驾驶时矫正视力不足以及各种条件下的超速驾驶，从而将我们的街道和车行道变成远比以往任何时候都更加安全的环境。

根据《2018 年全球道路安全现状报告》（*Global Status Reports on Road Safety 2018*），世界各地每年有超过 100 万人死于与交通相关的事故，道路交通伤害是各年龄段人群的主要死因[7]。我们认为，越快实现从使用半自动驾驶汽车到大规模使用全自动驾驶汽车的安全过渡，我们就能越快开始解决这个问题。

人工智能和自动化如何改变我们的购物方式

在这一部分，我们的目标不是以未来学家的身份预言人工智能和自动化可能会以何种有趣的方式改变购物。相反，我们要做的是研究目前的零售行为轨迹，了解更好的人机合作可能会消除零售商和购物者的哪些痛点，并确定技术供应商可能会为未来购物生态系统中带来哪些最重要的变化。

我们如今已经看到的东西包括：

- 零售商利用增强现实技术帮助消费者购买家具，让消费者能够将虚拟产品放置在预定的三维空间中。
- 零售商利用增强现实技术帮助消费者购买眼镜、服装、时尚配饰和选择新发型。
- 零售商利用增强现实技术来增强顾客的实体店购物体验——包括虚拟优惠、虚拟食品成分表、店内地图、增强镜、店内游戏化。
- 数字助理被用作数字购物助理。
- 由人工智能生成的购物单和购物推荐。
- 实时、基于位置、人工智能驱动的广告，针对潜在客户提供经优化的特别优惠。

- 由消费者近期在线搜索驱动的跨平台广告。
- 美国电子商务每年稳步增长，到 2020 年线上销售额可能会超过美国零售业总销售额的 12%。
- 送货上门的兴起。
- 无摩擦的实体店购物（虚拟结账）。

我们预计，在接下来 10～15 年中，这些主要趋势线将发生如下演变：更加趋同但变得更好；更好的技术集成；更好的全渠道体验（其中线上购物、实体购物、数字接触点和实体接触点全部无缝地交织在一起）；消费者有更多购物和配送方式的选择；更多人工智能驱动的购物体验；更多自动化购物体验。

零售业最有价值的商品不是空间，也不是库存，而是时间。在零售商一端，这是指拣货、包装、运输、接收、入库、补货、结账、维护、清洁等任务的工时。在消费者端，这意味着去商店、在店内购物、结账、回家，然后把新买的东西放好。人机合作的核心往往在于提高效率和减少完成任务所需的工作量。从耕种到归档，智能自动化是为了节省时间，从而让人类把精力放在更重要或更有价值的任务上。

> 智能自动化是为了节省时间，从而让人类把精力放在
> 更重要或更有价值的任务上。

我们考察过的每一项研究都得出了相同的结论：重复性最高、成就感最低的任务和工作总会最先实现自动化。在这一部分中，我们也没有理由不运用这一逻辑。零售商和购物者正在设法解决哪些问题以减少在每项任务上花费的时间？哪些任务可以实现自动化？

零售商和购物者从中享受不到一丁点非同寻常的乐趣，而且也不是非做不可的几乎每一项任务。从人机合作的角度来看零售业的未来，我们大体上看到了一个机会广阔的领域，其主要目标是通过让购物流程尽可能多地实现自动化来提高成本效率和时间效率。

关于实体零售，我们预计结账队伍和实体结账会在不远的将来寿终正寝。亚马逊无人便利店 Amazon Go 的虚拟结账模式可以自动进行结账，无须购物者在付款前对产品进行扫描或称重，这种模式将被美国沃尔玛等主要零售商效仿，并将重新设定消费者对于普遍存在的结账摩擦点的预期。没有人愿意排队等候，没有人喜欢打开产品包装再重新包起来，就连终端机上的支付交易也可能会让人觉得枯燥乏味。通过让结账流程实现完全自动化来消除零售体验中的这些痛点和时间限制，让顾客只需挑选他们来购买的商品然后走出商店即可，这种模式将得到大规模采用，尤其是在无现金支付已成为常态的地区。

我们预计，包括人工智能、社交平台、数据挖掘平台、面部识别、数字编码和物联网在内的一系列技术将为客户实时提供个性化的全渠道体验。这些技术会默认为消费者选择加入还是选择退出仍然有待观察（并将取决于各个国家在隐私和消费者保护方面的立场），但是零售商已经在发展跟踪个人客户在线上以及在实体店内行为的能力了。大规模地实时跟踪、分析和预测个人行为的能力，将塑造未来的零售营销和全渠道体验。消费者应该可以预料到，零售商提供更多与时间密切相关、为客户量身定制的优惠、体验和奖励，将在未来十年中成为常态。

我们预计，随着线上订单、配送请求和自动驾驶配送车辆开始超过光顾实体店的客户人次，大型零售商将重新考虑其零售空间占地面积。我们预计会看到现有的零售空间至少部分地转变为线上订单处理中心——以数字方式接到订单之后，可以在这些地方进行分拣、包装，做好自提或配送的准备。起初，这些处理中心会配备人类工作者，但从长远来看，订单处理流程中的大部分环节都会由机器自动处理。购物者可以选择自提或安排配送。此类配送起初将由人类司机驾驶传统送货车辆完成，但随着无人驾驶服务车辆越来越多地接管该项任务，特别是在人口稠密地区（送货机器人可以实现较高效率并提供较高回报率），配送的自动化程度也会变得越来越高。

我们预计，借助智能电器和智能家居技术，消费者的购物流程至少有部分环节可以实现自动化。最基本的形式表现为人工智能根据用户需求和偏好生成的购物清单。智能冰箱能够感知到用户的鸡蛋或牛奶即将用完，能够建议购买牛奶和鸡蛋，并生成最新购物清单。住宅中的其他智能电器和技术也能够在清洁用品、罐头食品、洗衣皂、剃须刀片、猫粮以及任何其他需要补货的东西快要用完时通知用户。在更加主动的形式中，智能家居或是管理智能家居的数字助理会获得自主权，可以根据需要下达补货订单而无须人工干预。这是"老管家"发挥作用的一个例子。

关于嵌入零售生态系统的增强现实和虚拟现实技术，我们相信：凡是能够创造非凡的品牌体验、促进正确的产品选择、帮助客户节省时间、帮助零售商节省资金，以及提升品牌互动和购买的频率、覆盖面和收益的技术，都会找到适合它们成长的肥沃土壤。

最终，作为增强现实和虚拟现实技术的使用者，消费者会自行判断数字技术的特定应用对其购物体验的有效性或实用性。我们预计，AR 的采用率将远高于 VR，尤其是随着 AR 眼镜变得比现在更小巧、更轻便、更便宜和更时尚。如果 AR 头戴式显示器制造商能够将移动用户 30% 的屏幕使用时间从手持移动设备转移到 AR 眼镜，AR 就会成为实体零售体验中的一个因素。如果做不到的话，AR 对于零售业的潜在重要价值可能永远无法完全落到实处。

正如我们已经提到的，推荐引擎也可能在推动线上和线下消费者行为方面发挥重要作用，我们预计，在多个层面的云端和边缘机器学习以及人工智能驱动的算法推动下，强大的数字影响力会有助于简化消费者的选择。推荐引擎技术可以创造实用的人机合作关系，其中一种具体方式是让消费者能够优化他们所使用的推荐引擎，从而过滤掉广告噪声，同时有利于广告信号。也就是说，推荐引擎在本质上充当智能广告拦截器，直观地过滤消费者不太可能感兴趣的任何广告或营销优惠，并优先显示最有可能对消费者有用的广告和营销优惠。能否利用某个推荐引擎作为看门人而不是进行操纵和施加影响的工具，完全取决于该推荐引擎愿不愿意允许用户设置其规则和偏好而不是将它们强加给用户。请密切关注可以自定义、可以选择加入的推荐引擎。推荐引擎越像"老管家"，就越有可能推动健康而实用的人机合作关系。

人工智能和自动化如何塑造未来医疗保健和居家护理

我们已经论述了智能家居在个人护理和个人身心健康方面提供帮助的一些方式，但我们主要讨论的是数字助理和被动式智能家居技术在这方面发挥的作用。现在，我们来关注一些作用更大并且被我们称为"机械"的智能自动化技术——我们相信这些技术会在未来二十年中改变居家护理和医疗保健。

对于居家护理，我们从传感器技术、人工智能和远程医疗的交叉点说起。首先，负责监测健康相关数据的传感器可以帮助全天候观察患者的健康状况，几乎不需要人类护士或医疗保健专业人士进行干预。其次，这些数据流可以同时在网络边缘和云端馈送到相关应用，而这些应用可以实时对数据流进行监测、分析并做出反应。然后，物联网设备可以执行任意数量的任务，从通知患者存在问题和推荐行动方案，到对患者用药和向专业医疗保健响应人员发出警报，都不在话下。人工智能设备可能会提示患者在房内四处走动几分钟、喝一杯水、坐下歇息一会儿，以及提示患者回答一些问题，以确定他们是处于完全警觉的状态，还是发生了中风或暂时神志不清。

得益于远程医疗的进步，患者越来越有可能在足不出户的情况下直接与医疗专业人士进行互动。这不仅方便了不能离家的患者和医疗专业人士本身，还方便了可能需要进行简单检查或与医疗专业人士进行简短讨论的忙碌人士。

患者可以在办公室或家中利用几分钟时间，即可与医生讨论症状、治疗效果等。这种健康管理方法的价值应该是不言而喻的。得益于更快、更先进的 5G 网络的普及，这一模式在接下来十年中应该会变得远比现在更加主流。

在人机合作关系的框架内，我们特别感兴趣的一个领域是机器人和人工智能开始在医疗保健方面发挥更重要作用的潜力。在医疗保健机器人技术中，技术含量最高的是手术机器人，它们有朝一日可能会在多种手术干预措施和其他医疗任务中取代人类外科医生。

此类技术中最基础的是患者管理人工智能，它们可以在没有人工干预的情况下对病历资料进行整理、管理和更新，从而节省时间、降低医院和保险公司的运营成本、降低出错风险，并且有望为之前未联网的数据库中的患者建立更完备的病历。

更复杂的人工智能还可以用来搜索患者的病历，以查找潜在的健康风险以及尚未标记出的对某些类型药物的敏感性，并找出可能需要进行预防性治疗的领域。人工智能可以对脱氧核糖核酸（DNA）数据以及患者病历中包含的其他健康相关数据进行分析，以识别癌症、心脏病、中风甚至罕见遗传缺陷的潜在风险，而传统医疗保健手段可能会无法及早检测出这些风险，从而无法及时进行预防或治疗。

云可以通过扩大此类深度学习应用的规模，从而以效率更高、重点更加突出的方式使用原本有限的医疗保健资源，降低与医疗保健相关的总体成本，以及增加在广大人群中取得积极成果的可能性。这一模式的部署情况最初可能会因地点而异，而且起到更大推动作用的可能会是政府对预防性医疗保健技术普及性的态度，而非这些技术的可用性。话虽如此，很可能随着各种新技术最终的商品化，人工智能驱动的预防性健康分析最终会成为所有人都能负担得起的项目，无论是通过私立还是公立服务提供方。

请记住，我们并不是提出人工智能和机器人会取代高技能人类医疗保健专业人士，而是提出它们会增强他们的能力。本书中已经讨论过的各类人机合作关系也同样适用于医疗保健领域。例如，得到人工智能的增强之后，医生能够更好地诊断出患者可能存在的健康风险，诊断效果可能会远比他们自己来得更好。得到手术机器人的增强之后，手术团队或许能够将其一天内完成的手术数量增加一倍，并显著改善患者的治疗效果。得到人工智能和医疗机器人的增强之后，护士或许能够将繁重的重复性任务交给机器人去完成，从而将更多精力放在更重要和更值得的任务上。机器会用于为从事医疗保健工作的人类专业人士提供建议和协助，而不是直接取代他们。

我们预计会看到人类医疗保健和居家护理专业人员与机器人之间建立合作关系，其中人类护士或护工可以通过与机器人生态系统（可能是一组机器人，也可能是机器人网络）合作，对一系列患者进行全天候管理。

我们预计人机合作——特别是在人工智能、深度学习和认知计算解决方案方面，将有助于加快医学研究的步伐。我们已经观察到像达索系统这样开发高级三维建模（甚至在分子水平上）和虚拟化工具的科技公司如何与医学研究人员合作，帮助预防和治疗心脏异常及中风等常见疾病[8]。同样，我们也已经观察到医学研究人员与智能计算机开展合作，以了解某些 DNA 标记与健康状况之间的联系。

在我们看来，这种至关重要的人机合作关系将在接下来 20 年中彻底变革医学领域，让最聪明的人才在急需的计算、分析和规模化方面得到增强，从而加快本来动辄需要几代人才能完成的治疗方法和疫苗发现过程。然而，发现只是等式的一半：绕回到先进的三维建模和虚拟化可以在医疗保健领域发挥的作用，对于药物测试、基因治疗以及常见疾病的新一代治疗方法和疫苗，虚拟化也会有助于加快这些解决方案的交付时间。

对于作为医疗保健解决方案消费者的患者而言，这意味着我们对疾病、药物、患者护理和健康管理的看法可能会在接下来十年中发生根本性的变化。患者可以使用人类历史上前所未有的工具箱，并且能够更好地管理自身健康，还能比过去更早地注意到潜在问题。

此外，智能分析工具还可以帮助医生识别出某些类型疾病的遗传倾向、检测早期症状以及帮助医生制定治疗方案。专业人工智能设备、智能环境和机器人不仅能让医疗专业人士服务更多患者，而且远比当今世界各地存在的尚未自动化的医疗急救模式更加有效。手术机器人将有助于减少手术过程中的事故并改善结果，但最重要的是，它们可能会有助于将通常只有大城市顶级医院才具备的顶级外科手术能力带到难以吸引一流外科手术人才的偏远地区小型医院。由于行动上存在困难、认知上存在困难，甚至是情感上存在困难（比如孤独症和抑郁症）而不能离家的患者能够求助于护工机器人和陪伴型机器人，这些机器人可以为他们提供必要的自主权、安全感、情感支持和尊严，从而保证他们的生活质量。

与我们在本书中探讨过的任何其他主题相比，未来医学可能会更加依赖人机合作，这也是我们寄予厚望的领域之一。

人工智能和自动化对我们的生活方式和人际关系有何影响

我们已经提到过智能自动化——从数字助理、劳动力增强和推荐引擎，到自动驾驶汽车、智能家居和无摩擦支付——会如何将消费者从各种琐碎枯燥、毫无回报的耗时任务中解放出来。现在，问题变成了：有了这么多额外的时间之后，消费者可以做些什么呢？最简单的答案就是：想做什么就做什么。

对于一些人来说，额外的时间会让他们有机会延长工作时间、承担更多职责或是寻求新的收入机会。对于另一些人来说，这些时间会让他们有机会增加陪伴家人的时间、拿下新证书或新学位、培养兴趣爱好，进行更多阅读、旅行和志愿服务，还有可能发明出重大颠覆性技术。对于我们所有人当中的乐观主义者来说，更多的时间意味着更多的机会、更大的自由度以及更高的生活质量。

但是，对于我们当中的悲观主义者来说，在越来越大程度上受智能自动化驱动的世界也存在着不利因素：首先要考虑的是非常真实的风险——基础性和关键性人工技能组合在广泛转移到智能自动化之后，可能会永久消失。如果社会技术结构出于某种原因而失灵，迫使人类不得不重新自力更生，那么无论在眼下的一小时还是漫长的余生时光中，这些技能组合都会非常重要。

一旦我们习惯了所有事情都交给机器去做，我们会不会失去在它们损坏时修复、在发生医疗紧急情况时挽救生命、在灾难来临时瞬间做出正确决定的能力？我们会不会失去从虚构作品中辨别事实或是从事实新闻报道中辨别虚假新闻的能力？我们会不会失去正确书写、键入或拼写单词的能力？如果机器坏了——或者更确切地说，在机器发生损坏的情况下，我们是否仍然知道该如何自力更生？

我们还必须问自己一个问题，而且我们会有意识地不断提出这个问题，因为它非常重要，这就是：如果我们太习惯于让机器越来越多地指导我们的每一个决定——从购买什么以及去哪里购买，到阅读或观看什么以及何时阅读或观看，我们难道不会将自己暴露在机器辅助的操纵和控制之下吗？推荐引擎和栩栩如生的人工智能产品有没有可能被武器化，用于造成我们彼此之间的对抗，引导公众舆论支持有问题的政策，掩盖怀有敌意的人的欺诈行为、欺诈性的诽谤公司或持不同政见者，让某些群体边缘化，甚至对原本独立的司法机构施加影响？我们所信任的技术有没有可能最终被用来暗中监视我们、操纵我们和控制我们？通过"老管家"和"老母亲"用例向公众销售的技术能否用于追求"老大哥"的目标？答案无疑是"能"。

人机合作关系必须建立在坚实的信任基础之上。

因此，消费者比以往任何时候都更有必要记住：对于一切不受他们完全控制的智能自动化工具，都不能也不应该信任。与任何成功的合作关系一样，人机合作关系必须建立在坚实的信任基础之上。信任是一个不断进行评估的过程。我们越依赖智能自动化技术，就必须越清楚地意识到我们自己有责任确保这些技术不会被用来与我们作对，也必须越负责任地对待我们利用它来改善自己生活的方式。

且看以下陷阱：在充斥着智能自动化和人机合作的世界中，我们所面临的诱惑是越来越多地将决策和技能委托给数字助理和机器，这也意味着将我们自己的能动性委托出去。颇具讽刺意味的是，那些有意识地担心自己会被机器取代的人往往也没有意识到，他们多么容易自然而然地将自己的自主权、独立性和自力更生的能力交给机器以换取便利。

要想避免落入这一陷阱，最有效的方法就是要注意：我们通过智能自动化的高超效率获得的全部时间，都为我们创造了发展和提升个人能动性的机会。如果时间关乎机会，而机会关乎选择，那么选择权必须始终在我们自己手中。看电影还是看足球比赛、去泰国旅行还是去埃及旅行、消费还是投资、换一份新工作还是保持现状……即使人工智能可以帮助我们在这些问题上做出选择，我们也必须始终将选择权留给自己。在人工智能驱动一切的时代，坚持我们自己的能动性变得至关重要。智能自动化和人机合作的每一个实例最终都旨在赋予我们更多而不是更少的能动性。一旦忘记这一点，我们就会开始让技术控制我们，这就违背了我们开发技术时的初衷：让它为我们服务。

> 在人工智能驱动一切的时代，坚持我们自己的能动性变得至关重要。

对于任何关于人工智能和自动化可能会对我们的生活方式和人际关系有何影响的讨论，以上讨论都是必不可少的基础，因为这两者都完全依赖个人能动性。通过依靠人工智能和自动化，我们可以腾出更多时间来做我们喜欢的事情，从而让我们在日常生活中获得更多成就感。通过依靠人工智能和自动化来实现预期结果并提高绩效，我们可以增强自信，相信自己能够取得更大成就并对世界产生富有价值的影响。通过将最无关紧要的事务委托给机器，来掌控生活中对我们最重要的方面——如果以这种方式利用人机合作关系，我们就会变得更加独立，而不是更缺乏独立性。

因此，在生活方式和人际关系方面，人机合作关系赋予我们的礼物是更多的能动性，而不是更少的能动性。我们当中意识到这一点的人将受益于那些有助于塑造日常生活的人机合作关系。那些未能领会这一点并因此未能正确利用人机合作关系来获得更多自由的人，可能难免会艰难应对一系列环环相扣的不利影响：能动性更少、自主权更少，机会也更少。

人工智能和自动化如何影响消费者对生活规划的看法

在人机合作的时代，消费者通过与专业的深度学习机器合作，会对自己的教育轨迹、职业、财务、投资和退休等事宜享有更大控制权。他们可以使用先进的预测算法，从而能够更好地预测市场波动、地缘政治变化、劳动力趋势变化乃至各个社区的房价变化，并制定相应的规划。

想象一下，作为一位购房者，如果你可以使用预测性分析工具绘制出你目前考虑投资的各个社区的房价轨迹，岂不是很有帮助？

想象一下，运用同一类分析工具对你打算购买的房屋进行预测。

现在，请考虑一下：如果借助先进的诊断工具，你在人生的早期阶段就知道自己可能需要在达到退休年龄之前接受多次心脏手术，你可能会如何以不同的方式进行投资。考虑一下，先进的人工智能财务顾问（或是得到智能分析工具增强的人类财务顾问）可以如何更好地帮助你制定职业、生活和财务规划，为即将发生的事情做好准备。

在上一部分中，我们谈到了能动性。通过获得更好的数据、更好的分析以及诸如此类的具体解决方案，我们可以利用人机合作关系来提高能动性、增强对自己生活的掌控力，以及为不可避免的困境做好准备，以免生活脱离正轨。我们预计，银行、保险提供商、房地产经纪人和财务顾问很快就会开始在其提供的服务中将这些工具放在核心地位，但是真正的机会实际上可能掌握在一些个人客户的手中——他们希望定制自己的第三方分析和人生规划工具箱，以免受到工具内的故意偏见和不太中立的建议影响。对于软件提供商来说，与流行的人工智能助理集成很可能会推动此类工具得到大众市场的采用。

最关键的是，许多基于猜测和直觉的决定一直指导着许多对民众生活影响很大的决策——从择校和买房，到接受一份工作而不是另一份工作，再到有效制定退休规划——这些决定会越来越多地被合乎数学原理的概率模型和基于预测性分析的推荐引擎所取代。从直觉到数据分析的转变最终是否会像人们所希望的那样有效还有待观察，但是这一转变可能会带来更好的结果（增加财务保障、增加职业机会、提升生活质量、改善健康状况等），因此当然值得一试。

在人工智能和自动化时代，如何保护个人隐私和数据安全

对于消费者来说，智能自动化是一把双刃剑：一方面，在大多数人都想摆脱的枯燥、繁杂且浪费时间的任务上，智能自动化技术可以提供一条捷径；另一方面，在隐私、数据安全和个人自由等问题上，它们也让消费者面临前所未有的挑战。

我们已经知道，科技公司正在收集大量消费者数据。这是我们生活中的现实情况，也是我们生活在一个在越来越受技术驱动的世界中所付出的代价。但是我们的看法不同于我们的一些同事以及越来越多持"世界末日"观点的权威专家——我们并不认为消费者别无选择，只有放弃他们的隐私以及对基本数据安全的期望，才能换取数字增强型社会提供的好处和便利。

转型总归是艰难而混乱的，而在我们撰写本书时，世界正处于一场重大转变之中，从基本的数字经济，转向全新的智能自动化生态系统以及由人工智能驱动的强大数字经济。我们目前在隐私、数据安全和物联网安全方面所面临的挑战是暂时性的成长之痛。在我们撰写本书时，技术发展是分散化、不均衡、不可预测的，有时甚至会乱象丛生。保护消费者数据免遭滥用的立法和监管措施难以跟上技术创新的步伐。黑客发现和利用漏洞的速度往往比相关组织修补漏洞的速度更快，而且越来越多的黑客会通过部署人工智能和机器人来对存在漏洞的系统发起规模更大、速度更快的攻击。不过，我们由此也窥探到了这个问题的解决方案：如果黑客和敌对行为者可以利用机器来发现系统和网络中的漏洞并对其进行攻击，那么系统和网络管理员也可以利用机器来修补漏洞、

检测攻击并部署相应的对策。

> **网络安全领域也和世界上的其他领域一样，即将发生意义深远的变化。**

　　随着我们进入 21 世纪的第三个十年，网络安全领域也和世界上的其他领域一样，即将发生意义深远的变化。在这个特殊的战场中，主要的战斗不会发生在人与机器之间，而是会发生在机器与机器、算法与算法、病毒与杀毒软件、人工智能与人工智能之间，而且先进的芯片能够保护自己免遭不希望发生的入侵或攻击。换句话说，接下来十年中的隐私和数据安全问题与迄今为止这方面的问题相比，严重程度可能会大大降低。

　　与此同时，消费者应该开始采取以下措施来保护自己的数据和隐私：

- 要求立法者具备技术素养，认真对待面向技术的立法。
- 呼吁数据安全和隐私立法（如欧洲联盟的《通用数据保护条例》）。
- 向科技公司提出语音隐私问题，要求它们为用户提供用于随意选择加入和选择退出数据收集程序的工具，并让数据收集程序对用户完全透明。
- 支持以下类型的科技公司：其产品旨在保护用户隐私，并让用户对于自己同意共享或不予共享的数据拥有控制权。
- 对于保密通信，仅使用经过认证的端到端加密解决方案。
- 寻找具有芯片级内置安全性的物联网设备（而不是依赖第三方解决方案或软件的设备）。

●留意你使用的设备和软件收集的数据。这件事在未来几年中可能仍会比较耗时，但是定期手动管理设备、应用和浏览器将有助于化解一部分风险。最终，人工智能助理将能够为你管理这些设置，但我们目前还做不到这一点。

●对你的家庭网络采取保护措施并定期进行审核（如更改密码）。

●尽可能采用双重认证协议。

最终观察结果

未来的人机合作关系会与辅助、提升和增强消费者的能力有关，因此，它们带来的机会远大于挑战。尽管在数据保护和隐私等领域面临挑战，但是这些挑战可以通过强大的安全算法、具备自我保护能力的新一代芯片组以及人工智能驱动的解决方案得到解决，而消费者的生活几乎在方方面面都可以通过智能自动化技术得到提升。无论消费者想要逛一逛实体店，还是更喜欢由人工智能为他们订购商品然后坐等送货上门，购物体验都会变得顺畅而轻松。"老管家"人工智能和数字助理将按照消费者的委托，轻松管理他们生活的方方面面，从日程安排和约会、银行单据管理，到账单支付、度假预订和杂货订购，都不在话下。

不出意外的话，面向消费者的人机合作很容易几乎完全由"老管家"式的整体意图驱动。所有人工智能和自动化解决方案都旨在以酷似虚拟管家团队的方式为消费者提供服务：安排日程、跑腿办事、管理日常任务和家务、管理日程安排、安排约会、管理家庭、订购食物、管理包裹配送、推荐娱乐选择，以及随时听候用户的吩咐。结合受到"老母亲"的启发，能够预测用户行为、预测需求、根据已知偏好预选产品、根据用户当前的情绪调整响应方式和推荐内容，甚至能够在用户生气、悲伤或焦虑时让他们振作起来的解决方案，人工智能和自动化有望显著改善消费者的购物、旅行、生活方式、休闲、通勤和自我提升方式等，并让他们从中收获更多价值。这方面有许多值得期待的地方。

第八章

科技公司如何迎接人机合作时代

科技公司有没有义务在追求进步的过程中将伤害降至最低

现在，我们的讨论来到了一个十字路口，实际考虑因素与哲学方面的考虑因素在这里交汇。似乎建设一个由人工智能和自动化接管越来越多任务的世界这件事所蕴含的无限机遇与固有风险之间的拉锯战还不够复杂，于是我们现在将道德责任问题引入等式。这个问题并不抽象，也绝非微不足道。随着科技公司想象、设计、构建、塑造这样的未来并从中获利，通过这种方式发挥对它的推动作用，它们也对它的轨迹和影响（包括希望发生和不希望发生的情况）负有特殊责任。如果它们是负责任的公司，它们就有义务确保它们做出的决定考虑到了对社会产生的影响——不仅包括意料之中的好处，还包括意料之外的伤害。

如果不想在关于这个问题无休止的哲学讨论中迷失，一个非常简单的方法就是向科技公司提出以下问题：你们的研发对未来社会有哪些影响？

未来社会会赋予个人更多工具和能动性，让他们能够为自己做出更好的决定，并享有追求自己兴趣爱好的自由，还是会让保险提供商、教育机构、银行和企业能够利用算法来歧视申请人？未来社会会让隐私成为一种权利，并让消费者有权控制他们分享的内容和分享对象，还是会让隐私被以安全和便利之名不断进行的监控所取代？

现在，请思考一下你们正在研发什么，以及你们为此采取了怎样的做法。你们确定自己处在正确的轨道上吗？对于你们的研发成果，你们是否真正怀着同样的热情来对待从中看到的机遇以及与它们相关的风险和意外挑战？你们是否以应有的态度认真对待自己的责任？

技术与责任：不创造"怪兽"

2017 年和 2018 年，亚马逊和谷歌的部分员工表达了他们对自己的企业主可能会允许政府、执法部门和军队使用他们基于面部识别和人工智能的最先进产品的担忧。他们担心这些技术会被用来造成伤害，包括赋予政府前所未有的监视权力等。在亚马逊和谷歌，并非所有员工都对自己公司的前景感到满意，他们在那时普遍担心公司会摇身一变，从民用商业产品开发者变成国防承包商和"老大哥"监控技术的供应商。

无论你是否同意其观点，这种反应都标志着科技公司扮演的角色将在未来几十年中发生转变。我们每隔几周就会看到相关报道，从而不断了解到脸书、推特和油管等社交平台可能会被敌对行为者当作武器，用于传播虚假信息、散布宣传内容以及增强其行动的影响力。数据库可能会被黑客入侵。分析软件可能会被改换用途，用于在数百万人不知情的情况下创建他们的用户画像，然后有针对性地向他们传达量身定制的政治信息、将他们标记为可能持不同政见者，或者跟踪他们的线上和线下行为。随着面部识别技术的改进，智能设备和深度学习工具也会有所改进并得到大量采用。然而，这种大量采用也会造成一个意想不到的后果，那就是消费者用来与同事保持联系和开展协作的技术可能会倒戈，与他们作对。科技公司是否有责任保护消费者免受这些潜在的滥用和威胁影响？或者，用户和第三方是否需要对如何使用它们的技术负责？

科技公司有义务保护它们的技术免遭滥用。

答案并不完全是非黑即白的，但是我们很清楚，科技公司有责任确保它们正在研发的产品不会脱离它们的控制。科技公司有义务保护它们的技术免遭滥用或其他形式的破坏，就像玛丽·雪莱（Mary Shelley）的小说《弗兰肯斯坦》（*Frankenstein*）中的弗兰肯斯坦博士有义务不让他创造出来的生物逃脱并造成浩劫一样。如果弗兰肯斯坦没有放弃防止他创造的东西造成伤害的责任，故事的结局可能会大不相同。在这方面，科技公司需要画出一条令人难以忽视的平行线。

这并不是说科技公司不应该与执法部门和军队合作，或者说先进的新技术不应该用于犯罪预防、公共安全和国家安全的目的——远非如此。面部识别技术可以帮助有关部门识别和定位失踪儿童以及人口拐卖受害者，识别人群中的犯罪嫌疑人。深度学习分析工具可以筛选成百上千万组数据并识别其中的模式、联系和通信内容。

即便是网络安全托管和物联网安全等技术，也是必不可少的基本服务，而谷歌、亚马逊、微软、高通、英特尔等科技公司可以凭借独特优势来实现这些服务。科技公司需要与政府机构开展合作，以提供各个国家或地区在数字时代所需的解决方案生态系统和多层安全机制。然而，我们的建议是：在这些关系中，科技公司应该抵制住仅仅将自己视为技术供应商的诱惑，转而将自己视为平等的合作伙伴。为此，科技公司要做的不是坚持在合同条款中限制政府机构（和第三方）使用其产品的方式、地点和时间，而是与立法和监管机构开展合作，主动制定与公司无关的规则和法律框架，以防范滥用和过度使用。

为什么技术熟练程度是技术监督工作的核心

在第七章中，我们谈到了提高立法者的技术素养的必要性。由于目前这一问题不太可能自行解决，因此我们呼吁科技公司肩负起对立法者提供咨询和进行教学的任务。除了它们，其他人谁也不会去做这件事，而且谁也不具备能够如此有效地做好这件事的独特资质；此外，鉴于技术已经变得如此重要，选择根本不去做这件事也是不可取的。如果技术将为我们生活的方方面面提供信息和指导，那么对于被委以起草法律的任务并负责代表选民利益的个人，科技公司有义务确保他们能够获得有效履行其重要职责所需的工具和知识。

同样，消费者权利和公民权利监督组织应该以平等身份参与到这项工作中，即使仅仅是为了确保消费者和选民的利益与科技行业的利益始终可以得到权衡。

我们建议采用的流程是：科技公司、立法者和消费者保护团体一起讨论各项技术的利弊，然后共同起草一般准则和具体法律法规，以界定它们的正确使用方式。但是，这种积极主动的机制不能继续缺失下去——如果技术用户想要在表面上对他们自己的隐私、自由和能动性保持任何控制权，就不能这样；如果科技公司确实想要看到他们最初打算建设的那种未来，当然也不能这样。

如何确保你的"老管家""老母亲"公司不会变成"老大哥"公司

有一个与"你们的研发对未来社会有哪些影响"平行的问题：

"你们希望在 10 年内成为什么样的公司？'老管家'公司？'老母亲'公司？还是'老大哥'公司？"再一次，这个问题绝非微不足道。

即使被你问到这个问题的每一位公司高管都用"老管家"和"老母亲"来回答，他们目前正在采取哪些措施来确保自己的公司不会由于意外（或疏忽）而变成"老大哥"公司？他们是否正在培养一种考虑到这三者之间差异的公司文化？他们是否已将不可磨灭的道德责任感（例如"不伤害"）融入企业形象？他们是否正在相应地招聘决策者和未来领导者？

如果这些问题的答案全部是肯定的，那很好。如果这些问题的答案大多或全部是否定的，那么他们一开始的回答只不过是一厢情愿，而且他们也没有采取任何机制来防止今天的"老管家"或"老母亲"公司在未来滥用"老大哥"技术。科技公司必须开始认真思考它们所肩负的义务，不要让今天旨在服务于人类的出色技术在未来变成用于剥削人类的控制工具。除了思考，他们还必须采取相应的行动。

如何将哲学问题应用于与自动化相关的失业问题

我们在本书中花了相当多的时间来论证：通过人工智能和自动化来增强人类能力的做法几乎总是比通过人工智能和自动化取代人类的做法更可取。然而，我们必须承认，并非每位企业主或决策者都读过本书、认同这一观点，或者能够在投资取代方案有望带来卓越回报的情况下，证明投资增强方案是合理的做法。正如前几章所讨论的，总归会有一些工作者失业。即使由此创造了同等数量的新岗位，也会有数以百万计的工作岗位因自动化而流失，而这一问题必须得到解决。到目前为止，我们关于自动化导致失业的讨论是围绕着工作者应该采取哪些做法来适应变化，以及企业主应该做些什么展开的。现在，我们来讨论一下科技公司可能会发挥怎样的作用。

我们相信，技术应该会有机会在帮助解决人类工作者失业问题这件事上发挥作用。要小心谨慎地看待流行说法的力量，比如"如果你不是解决方案的一部分，你就会成为问题的一部分"。那些被剥夺权利后为自身就业困境寻找责备对象的工作者很容易将这种想法武器化，反过来用它攻击智能自动化和机器人流程自动化技术的提供者。如果公司能够证明自己是解决方案的一部分，而不仅仅是问题的一部分，就有可能受益于这种传达善意的做法。此外，我们的核心推论是这样的：每个问题创造了提出解决方案的机会，而每个解决方案都有可能为各方创造收益，那么为什么不把问题摊开来讲清楚，然后采用一种使尽可能多的相关方受益的方式将解决方案变现？

- 对于科技公司来说，这些收益可以转化为收入、利润、积极的公众情绪以及品牌忠诚度等业务指标。
- 对于地方和州政府来说，这些收益可以是科技公司与教育机构合作帮助失业的人获得就业市场所需的新技能，从而将失业率和社会安全支出净额保持在可控范围内。
- 对于人类工作者来说，收益是通过教育和技能重塑获得就业"救生索"，而对于其中更有进取心的人来说，他们可以借此机会利用新技能来推动自身职业发展，而不仅仅是谋生。
- 对于投资智能自动化的公司来说，收益是可以接触到更丰富的工作者生态系统——这些工作者具备熟练的专业技能，在技术方面具有敏捷性，并且接受过各种任务的培训。

出于多种原因，科技公司在推动人类工作者的培训、转变和技能提升方面拥有特殊优势。首先，作为新技术和新系统的开发者，在培训人类工作者使用其产品这件事上，它们顺理成章地享有优势。其次，将人力培训与技术产品销售相结合是合乎逻辑的稳妥做法，因为熟练掌握一款技术产品的工作者越多，该款产品就越容易在整个组织中大规模部署。

需要注意的是，我们的研究始终将运营敏捷性认定为颠覆式数字化变革时期中高绩效公司最重要的特征之一[1]。公司的运营人员技能越熟练、培训越到位、准备越充分，公司就能越快地适应其所在行业中引入颠覆性技术后发生的变化。对于这个因素的重要性，我们再怎么强调也不为过。通过积极主动地采取行动，技术供应商不仅可以为有着迫切需求的客户提供技术解决方案并直接交给他们接管，还可以投资开展更多前期用户培训和认证，以帮助其产品在整个市场中得到大规模的熟练运用。

面对因智能自动化和机器人流程自动化而导致人类工作者大规模失业的情况，为了应对这一问题造成的社会经济威胁，政府、行业组织、非政府组织和教育机构将有充分的动力与技术供应商开展合作，资助和促进此类工作者培训机制——特别是在这些技术供应商自行开发此类项目并进行推广的情况下。如果能够增加收入、提供取得市场领导地位的新途径并提高就业率，还有什么理由不喜欢呢？

我们为谁构建产品、需要解决哪些问题、解决方法是什么

在进一步讨论之前，必须回答一些关键问题。我们为谁构建产

品？我们在设法解决哪些问题？这些问题最有效的解决方法是什么？最得体的解决方法是什么？如何才能将伤害降至最低？

科技公司可以向自己提出的最重要问题之一是：我们在为谁构建产品？这个问题表面上看起来很简单，但是在越来越受科技产品驱动的世界中，没有任何事情能够长久地保持简单，即便对于那些我们自认为已经找到答案的基本问题，也需要不时重新审视。

举个例子：一家科技公司构建了一个智能律师助理产品，它可以筛选法律文件和证词，查找关键字和错误的速度比人类法律文员快 20 倍，那么这款智能自动化工具是为谁构建的？是为律师事务所合伙人构建的，是为个人律师构建的，还是为律师助理和法律文员构建的？

换句话说，该公司是否正在构建这样一种产品：该产品可以让律师事务所的部分工作实现自动化，从而完全消除对律师助理和法律文员的需求？或者，该公司是否正在构建这样一种产品：借助该产品，小型律师事务所的律师助理、法律文员和不堪重负的律师可以通过智能自动化和机器人流程自动化工具增强他们的能力？这不是一个学术问题，而是一个非常务实的问题。这两种产品最终可能会具有相同的功能，但是预期用途决定了它们的设计和营销方式会有所不同。这种差异意味着它要么会推动人类能力的增强，要么会通过自动化取代人类工作者。技术产品是为谁构建的？这个问题很重要。

"我们在为谁构建产品"这个问题非常重要。无论是什么工具，其设计过程都必须始终考虑到用户。在每种技术工具都有可能对数千万人产生极大影响的世界中，科技公司如果不想偏离正轨，就不能抱有先构建出工具然后再确定其用户是谁的想法。智能自动化也不例外，而且科技公司有责任问自己是在为谁构建智能自动化和机器人流程自动化工具，因为这个问题指明了这些工具的用途。我们构建工具是为了帮助客户用机器取代人类，还是为了帮助客户用机器增强人类能力？这个问题绝非微不足道，也并不抽象。每一个工程创造行为都是经过深思熟虑的，每一个创造行为都伴随着相应的责任。那些旨在取代人类而非增强人类能力的技术解决方案中蕴含了这样一个设计理念：构建这些工具的不是"社会"，唯一需要考虑的因素就是"需求"。

> **工具的设计过程必须始终考虑到用户。**

这就将我们引向了应该认真提出的另一个相关问题："我们在设法解决哪些问题？"对于设计师、工程师、产品经理，这个问题指明了产品概念及其后续设计将采取的路径。应用于智能自动化和人机合作主题时，这个问题在默认情况下往往会变成二选一。我们希望用更好的系统（"更好"是指：更快、更精确、更加不易出错、更具可扩展性、更坚固、长期成本更低廉等）来取代人类工作者，还是希望通过基于技术的增强功能来帮助具备熟练技能的劳动力提高绩效？

我们到底在设法用这个产品解决哪些问题？

提出并回答了这个问题之后，下一个问题自然就是："这些问题最有效的解决方法是什么？"如果问题是人类的灵巧程度和耐力不足以每小时生产足够多的小物件，但机器可以，那么答案很简单：用机器取代人类工作者。如果问题是人类在一天之中没有足够的时间来完成所有工作量，那么答案可能是技术可以帮助处理一些繁重的、技术含量低的工作。数字助理是否可以用于处理以下任务：

- 筛选他们的电子邮件和工作通信，将信号与噪声分开，管理自动回复并为它们划分优先级和组织通信内容。
- 在他们处理其他任务时，帮助他们进行研究并找出关键数据点。
- 自动生成用他们的语音起草的报告，并实现数据可视化。
- 帮助他们运行虚拟模型（包括营销活动、车队管理与扩充，或是整个地区在需求高峰期的实物产品经销情况），以确定最佳行动方案。

用智能自动化或机器人流程自动化取代技能熟练的人类这件事，只有在真正合乎道理时才有意义。如果一味懒于思考并奉行机会主义，又没有可靠的商业头脑来把关，那么在这种情况下用智能自动化或机器人流程自动化取代技能熟练的人类，就注定会导致一场灾难。重要的是，要深入了解问题的理想解决方案是什么，而不能一心追求捷径。简而言之：单凭某件事情可以实现自动化，并不能说明你应该这样做。而单凭你认为某种机器可以完成人类的工作，也并不能说明它实际上可以完成。

关于这个问题，还有一种思路：机器不是为了完成工作而设计的。人们对机器进行编程是为了执行任务。筛选数百万条记录并查找错误，这不是一项工作，而是一项任务。在机场行李管理系统中扫描条形码，这不是一项工作，而是一项任务。用精确的 0.4 焦耳能量产生的压力将一指定型号的部件卡在另一指定型号部件的主喷嘴顶上，这不是一项工作，而是一项任务。各种工作中的任务可以实现自动化，但是工作不应该被自动化，至少在默认情况下不应该被完全自动化，除非上述工作已经仅限于少数几项容易被自动化的任务。

因此，那些能够系统地提出"我们在为谁构建产品、我们在设法解决哪些问题、这些问题最有效的解决方法是什么"这一系列问题的科技公司最有可能推动积极的变革。其中一些公司会更进一步，问自己"最得体的解决方法是什么"——这些公司更有可能成为其各自市场中的领导者。

三大类自动化解决方案："老大哥""老母亲""老管家"

如果不绕回到我们的"老大哥""老母亲""老管家"解决方案，我们就无法探讨技术的设计意图和目的。为什么呢？因为如果一家科技公司的产品开发过程带有目的性，并且从一开始就知道产品是为谁设计的、旨在解决哪些问题，以及如何最有效地解决这些问题，那么这家公司就可以顺理成章地退后一步问自己："我们是在为什么样的用途构建产品？'老大哥''老母亲'，还是'老管家'？"

如果一家国防承包商承接了制造人工智能驱动的武器的任务，那么这家公司会知道自己构建的不是"老管家"或"老母亲"产品。毕竟，国防承包商所从事的业务与智能家居界面设计、自动驾驶汽车体验架构和医疗虚拟现实产品开发等行业截然不同。一些公司会自然而然地倾向于为新技术开发攻击性用途。国防制造商不需要问自己，它们设计的产品是否属于"老大哥""老母亲"或"老管家"类别。（为了简单起见，我们可以将它们的侧重点称为"老战士"。）不过，这个问题对于其他所有公司都适用：无论你们是像苹果、三星、微软、谷歌、亚马逊、英特尔、高通那样拥有巨大影响力的市场领导者，是由杰夫·贝佐斯或埃隆·马斯克等风云人物领导的公司，还是仍在车库办公的热门初创公司，你们都有义务问问自己：你们的每个产品设计用途是"老大哥""老母亲"，还是"老管家"？

> **你们有义务问问自己：你们的每个产品设计用途是"老大哥""老母亲"，还是"老管家"？**

大多数可以规模化的技术对于这三类用途都适用，但是我们要直截了当地说：意图很重要。开发直观的边缘自然语言处理功能以创建类似于人类的数字助理时，这方面的努力主要是为了打造"老管家"。会说话的汽车、会说话的住宅、会说话的数字助理几十年来一直存在于科幻作品的经典桥段中。它们有没有可能遭到破坏并倒戈与人类用户作对？当然有可能。但是之所以会存在这种可能性，关键问题在于最初的意图涉及了破坏。它们的意图是为人类提供服务，是在数字世界中重新创造管家的功能和体验。然而，如果面部识别技术能够在人群、公共场所或战略要道区域同时识别成百上千个人，那么这类技术的意图就不是复制管家的功能了。除了"老战士"，其他带有目的性的技术，从一开始就旨在主要服务于三种角色（"老大哥""老母亲"和"老管家"）之一。而且由于我们知道这一点，我们可以推断出：科技专门针对这些类别的用途构建产品，是它们做出的选择。针对每种用途开发和优化产品的决定绝非偶然。

这意味着，为"老大哥"用途开发产品的科技公司是有意选择这样做的。那些开发产品用于代表其客户、用户或第三方进行监控的公司这么做并非偶然。由于本章着重介绍科技公司应该如何准备迎接下一个人机合作时代，因此我们认为有必要强调这一点。消费者、纳税人和民众会越来越希望支持那些旨在直接将其创新技术用于改善生活和解决关键问题的公司。相反，如果公司的创新技术旨在通过侵犯隐私来获利、实现大规模监视能力的扩展，以及威胁未来的个人自由，则会与上述偏好发生冲突，并且可能会被大众贴上不受欢迎的标签。即使不指名道姓，我们所有人心中都有一杆秤，掂量得出哪些公司处于快要成为"黑帽"[①]的危险状态，或者已经完全配得上这个绰号。它们的产品通常具有一大特征，那就是很可能会在关于侵犯隐私、监视、虚假信息、政治宣传、剥削和欺诈的讨论中被人们提到。

在方向相反的另一端的，是"白帽"[②]科技公司：其创新技术和产品开发侧重于改善用户生活的公司。"白帽"科技公司从事的项目涉猎广泛，从开发运行速度更快的智能手机到重建珊瑚礁生态系统，从设计陪伴型机器人到开发抗旱作物，可谓包罗万象。

"白帽"科技公司及产品是营利性还是非营利性，这个问题无关紧要。重要的是，这些类型的技术旨在解决问题、执行为用户服务的任务以及改善积极成果，而不是旨在造成伤害、剥削其用户以及通过蓄意违背用户的信任来获利。即使有时也会发生负面作用和次级影响，但这些技术产品旨在以某种方式改善人们的生活并让世界变得更美好。放眼当今世界，我们可以看到利用技术解决问题、改善生活、行善助人的机会比比皆是，而且如果你对此有兴趣的话，也可以在这个过程中致富。

所有这一切都表明，关于要设计什么类型的产品来获利和实现规模化，科技公司是可以选择的。因此，每家科技公司要么会选择与其他具有剥削性和掠夺性的"老大哥"公司为伍，要么会在充满

---

① "黑帽"喻指那些侵入计算机网络、创建计算机病毒，或者实施计算机犯罪的电脑黑客。——编者注
② "白帽"喻指那些致力于计算机安全的电脑黑客。——编者注

善意的"老管家"和"老母亲"用例驱动下，参与塑造更友善、更光明、更自由的世界。鉴于在合法性方面有诸多问题需要解决，而且"黑帽"的种种努力历来都会最终弄巧成拙，我们对绝大多数科技公司的建议是：无论公司大小，都要将产品设计和技术创新工作的重心放在"老管家"和"老母亲"用例上，要以创新者、决策者、高管、董事会甚至投资者的身份有意识地做出决定，要拒绝内部和外部一切呼吁开发和追求"老大哥"科技产品的声音。如果公司选择将"老大哥"作为努力方向，从长期来看会对行业、企业声誉和用户造成损害，导致一开始令人蠢蠢欲动的短期收益最终得不偿失。

对于当今的科技公司来说，以上洞察结果不仅仅关乎重新规划产品战略的轨迹和意图，或是将公司的长期生存作为投资方向。它还旨在帮助公司认清在未来几十年中，它们应如何在更广泛的技术生态系统内提升影响力、相关性和价值。"黑帽"还是"白帽"，你们得在这两条路中选择一条。作为一家公司，如果你可以轻松成为"白帽"，何必要做"黑帽"呢？

为什么旨在增强人类能力的人机合作设计更加合乎情理

人机合作设计是用于增强人类能力还是取代人类工作者，并非微不足道的小事。在某种程度来说，这既是理念方面的选择，也是实践方面的选择。在市场力量倾向于全面自动化的情况下，首席执行官、开发人员或产品经理要拥护人机合作并不容易。如果呼叫中心可以实现自动化，又何必增强客服代表的能力？如果基因研究实验室可以实现自动化，又何必增强研究人员的能力？如果整个广告公司都可以实现自动化，又何必增强创意人员的能力？

这是一个非常严肃的问题，而且当自动化开始大大改善资产负债表时，这个问题会变得更加严肃。如果这还不够的话，那么当专门的人工智能产品具备媲美人类同行的创造力和技术能力时，自动化看上去会极具吸引力。如果软件不仅能够像人类一样创作出富有创意且收效良好的广告，还能在规模化和个性化程度上更胜一筹；如果软件能以比人类更快速且更加令人愉快的方式处理客户服务电话；如果自动化基因研究实验室能够在一周内实现人工实验室需要六个月才能实现的目标，那么为什么不干脆让一切实现自动化呢？

降低成本、加快时间表、改善结果……如果这就是自动化的结果，如果这就是成本、时间和结果等难题最有效的解决方法，那么为什么还要对抗它？为什么还要争取实现混合型人机合作模式而不是向自主式机器模式投降？

答案很简单：因为智能自动化目前还没那么美好，并且在短时间内也不会变得那么美好。在我们希望智能自动化能够实现的工作方式与其在现实世界中的实际工作方式之间，仍然存在着巨大的差距。即便是当今世界上最先进的人工智能，在主动性、创造性解决问题、抽象思维和偏见等方面也存在问题。经过编程和训练，它们可以执行某些任务并优化这些任务，但是它们可能会大大偏离自己的编程和经验。

诸如口音、短语转换、语气、文化参考、特定措辞、语言和非语言线索等文化方面的微妙之处，对于大多数机器来说仍然过于复杂以致无法检测，更不用说正确解读了。虽然人工智能已经开始学习如何将面部表情与情绪相互关联起来，但是距离机器能够理解情绪的含义以及与对话内容相关的情绪和语气，我们还差得很远。例如，在客户与项目组开会时，对于客户向项目组传达的细微担忧、不满，人工智能无法有效地心领神会。对于讥讽和冷幽默，大多数人工智能仍然无法有效地得出具有一致性的检测结果。因此，机器无法在足够复杂的水平上与人类有效地开展协作，从而取代项目组中的人类。正因为这样，我们可以利用人工智能来增强人类团队成员的能力，然后通过让它们承担人类同行的特定任务来增强项目组的能力，但是它们无法作为与人类具有同等地位的合作者取代人类。正因为这样，我们主要从助理和管理员的角度而不是从同事和合作者的角度谈论人工智能和机器人。

我们都知道人工智能在国际象棋（国际商业机器公司的"深蓝"）[2]、智力竞猜节目《危险边缘》（*Jeopardy*）（国际商业机器公司的"沃森"）[3]、Uno 游戏（谷歌的"阿尔法狗"）[4]等项目中击败人类的例子；我们都知道人工智能创作食谱（国际商业机器公司的"沃森"）[5]和电视广告[6]的例子；我们还知道人工智能在各种专业任务中表现优于业务熟练的人类工作者的例子。这些例子之所以广为人知，背后是有原因的：技术必须得到展示，以便证明对研究和开发的投资具有合理性，并提醒公众和投资者注意智能技术和自主式技术年复一年的进步。我们无法不为之惊叹，也无法不因此而燃起对未来技术的憧憬和信心。这一切都没有问题，我们也和所有人一样，对这些公关活动倍感兴奋。不过，重要的是要记住，虽然这些例子在可控、可预测的特定环境中展示了新兴人工智能功能，但是它们未必会指出这些技术在能力上存在的差距——这种差距在杂乱无章、难以预测的现实世界中具有重要意义，而人类更适合这样的工作环境。

换句话说，单凭人工智能可以创作出获奖的电视广告这一点，并不意味着人工智能可以取代广告公司的整个创意部门。同样，单凭人工智能可以创作出食谱这一点，并不意味着它可以管理厨房，更不用说管理餐厅了。由此一来，我们认识到了商务人士在面对科技公司推销智能产品或智能自动化产品的营销活动时往往认识不到的一点：现实世界并不是这些产品最好的用武之地。产品在办公室、工厂或现场的工作方式往往与它在展厅内或舞台上演示的工作方式无关。市面上的智能自动化产品只能在可预测的条件下以预期方式工作，而无法像人类一样轻松适应意料之外的压力——这一点会拖累运营效率，也会导致之前由人类处理的复杂任务难以实现自动化。

　　偏见是一个很好的例子，可以充分说明在复杂而混乱的环境中，人工智能无法与人类的判断力竞争。2015 年，亚马逊吃过苦头之后才开始认识到，它用来审核求职者简历的机器学习工具并没有以不带偏见、"性别中立"的方式对求职者进行评分[7]。亚马逊最终认识到，之所以会出现这一问题，部分原因在于这个人工智能通过自我训练学会了在浏览简历时青睐许多关键字，而这些关键字大多都是男性化的。该工具最终被丢在一旁，而媒体得知此事之后，明显的性别偏见倾向成了相关报道的关注重点。在现实中，性别偏见其实只是这个例子所展示的广泛人工智能偏见中的一部分。据报道，该人工智能产品还通过自我训练学会了过分重视简历中的某些关键字，而为此付出的代价就是可能是无法识别更加切实相关的技能和经验。简而言之，如果求职者在简历中使用了正确的关键字，但可能并不具备亚马逊实际需要的一些关键技能、经验和个性特征，那么该人工智能产品可能会上当。

> **偏见是一个很好的例子，可以充分说明人工智能无法
> 与人类的判断力竞争。**

　　同样，偏见也可以有意或无意地出现在任何人工智能产品中[8]。举几个例子：如果某个业务分析人工智能是由成本会计师开发或以其他方式编程的，那么它可能会受到青睐成本削减措施的偏见困扰，从而以牺牲其他运营改进策略为代价，为决策者提供不成比例的成本削减措施，而不是运营改进方面的建议。同理，如果某个人工智能最初是为帮助营利性公司评估投资风险而开发的，后来被政府和非政府组织应用于执行政策风险管理分析，那么它可能会以未针对政府和非政府组织用途进行适当校准的方式来衡量风险。人工智能应用所存在的偏差问题在于：它仍然非常难以检测（更不用说纠正），而且非常泛滥。

　　想想人工智能偏见对招聘决策、执法行为、医疗保健投资、贷款申请决策、投资银行策略、量刑和假释建议、医疗保险保障范围决策以及教育赞助决策的影响。想想对有色人种的偏见可能会如何意外地（或有意地）出现在算法中，并通过带有偏见的人工智能模型大规模制造不公正的问题。还有针对性别、国籍、体重、身高、年龄、年收入、出生地、净资产、最高学历、病史、音乐品味以及一系列其他因素的偏见——它们同样可以破坏人工智能，从而在我们所有人为了追求公正而依赖的关键系统中造成巨大的破坏和不公。人工智能偏见可能会增加而非减少歧视、使弱势群体面临更大风险、限制必需资源的获取途径、限制各种各样的机会，以及剥夺公司乃至整个经济体价值数十亿美元的未开发潜力。

　　现在，让我们放眼于人工智能偏见问题产生的广泛社会影响，将相同的问题应用于常见业务职能和特定任务的应用。如果基于程序员或用户自己的一系列偏见对人工智能进行编程，让它偏爱某些结果而非其他结果，那么这个人工智能可能会错误地解读数据、错误地做出某些结果集价值高于其他结果集的判断，从而最终做出错误的决定。例如，如果某个人工智能接受了重视成本降低而不是增长的训练，那么它可能会引导公司做出减少业务而不是扩张业务的决策。同样，如果某个人工智能接受了风险规避训练，那么它可能会引导公司做出安全的选择，而不是风险更高但可能更加有利可图的选择。在这两种情况下，人工智能可能会剥夺公司的增长潜力、阻止其追求突破性产品、使其远离富有远见的战略，甚至劝阻其进行大胆的并购——这一建议可能会与公司目前的需求背道而驰。

当我们尝试将决策过程应用于自动驾驶车辆和无人战斗机时，会出现类似的问题。在发生交通事故或发起导弹袭击时，机器会如何做出选择？这是如何计算出来的？简单版的答案就是：决定不应该由机器做出。机器的工作是进行分析和提供建议，而不是做出决定。如果机器的任务是自主采取行动，那么它在行动过程中所遵循的参数应该由人类用户预先编程。

为什么这一点很重要？这又如何适用于人工智能的商业用途？请思考一下自动驾驶汽车在发生不可避免的事故时必须决定该保护谁的问题。假设它被另一辆车拦住了，并且无法及时停下来。它有两个选择：一是向左转撞上一堵墙，可能会造成车上的驾乘人员伤亡；二是向右转撞向一群行人，从而拯救驾乘人员，但可能会造成行人伤亡。这辆车会如何做出决定？它会如何权衡每个决定的利弊？它会如何克服偏见？

> **人工智能不应被用来为人类做决定。**

简单版的答案是：它不会也不应做出选择。应该由汽车制造商、用户或相应立法预先为此做出选择。重要的是，科技公司在构建人工智能和智能自动化产品时，应该记住人工智能不应被用来为人类做决定。人工智能旨在帮助人类做出更好的决策，并增强他们在这方面的能力。

因此，科技公司在构建人工智能和自动化解决方案时，应该首先重点关注如何协助人类决策并增强他们的能力，从而促使人类尽可能多地填补决策方面的空白；而对于模仿人类决策这件事，应该仅将它作为一种备用功能来加以关注。这意味着，如果人工智能和自动化产品旨在帮助人类做出更好的决策，那么这些产品采用的默认设计应该是人机交互和人机合作，而不是自主决策。

最后一项观察结果：无论科技公司构建什么工具以及出于什么目的而构建，它们都需要特别关注信任的价值。在技术投资方面，无论是消费者、企业客户、政府机构还是学术机构——所有用户都非常重视信任。随着用户界面和用户体验设计走向商品化，围绕人工智能界面构建的所有技术解决方案都变得直观而自然，不同科技公司之间的差异化因素将不再是性能、速度或简洁流畅的设计，而是信任。客户相信他们的数据安全会得到保障，相信他们的隐私安全会得到保障，相信他们的信息不会被出售给第三方，相信自己是客户而不是产品。

要想赢得这种信任，方法之一是构建"老母亲""老管家"式的产品——这些产品完全为用户服务、完全不存在别有用心的动机、完全透明，并且为用户提供了完全可定制的选择加入和选择退出权限。

除了信任，构建的产品和解决方案还应该让尽可能多的用户享有更多权利，而不是剥夺他们的权利——对于希望在接下来几十年中确立业内主导地位的科技公司来说，这似乎是它们的终极战略。

第九章

人机合作的未来：
综合论述

自动化不是敌人……只要我们不让它成为我们的敌人

本书开篇提出了一个简单的问题："机器会抢走我的工作吗?"正如我们发现的，答案没那么简单。你的工作会不会被机器取代，具体取决于多种因素，包括你的职业、所在地、就业安排、学历、接受培训的机会，以及可以实际完成你的工作的智能自动化技术能够以多快的速度得到部署和利用并实现足够高的成本收益。

对于企业主来说，虽然让尽可能多的任务实现自动化这件事乍看起来大有前途——至少在规划阶段是这样的，但是在现实中将自动化注入业务运营绝非易事。相关技术很昂贵，而且并不完美。变革过程中难免会出现混乱不堪的情况。跟上颠覆式变革的步伐，以及适应以极快速度发生的创新，是商业领域难度最大的挑战之一，让许多人备受挫折。如果说改变是件难事，适应就更难了。即使组织掌握了实现敏捷运营的秘诀，并且学会了如何信心十足地驾驭数字化转型这片危险水域，技术也往往达不到预期的效果。

机器会抢走你的工作吗? 也许会。不过，这是一个错误的问题。因为许多事情都可能会夺走你的工作。例如：全球化。如果企业主搬迁到你所在国家或地区内的其他地方，你可能会因此失去工作。如果你的企业主被竞争对手公司收购，你也可能会因此失去工作。担心机器人或机器抢走你的工作，就好比你在海上迷失了方向，并且担心自己会被巨型鲨鱼吃掉。但在巨型鲨鱼决定跳出水面将你一口吞下之前，有许多事物可能会伤害你。同样的道理也适用于商业领域。

话虽如此，如果仍认为人工智能、机器人流程自动化、物联网和智能自动化不会像之前几十年中已经发生的情况那样取代数以百万计的人类工作者，就不切实际了。随着时间推移，一些工作——特别是那些仅包含少数几个可自动化任务的工作，可能会被机器接管。这些工作无论是由传统的蓝领例行重复性人工任务还是白领例行计算任务组成，从统计数据上来看都是风险最大的[1]。

此外，机器人技术、机器视觉和运输规划的改进开启了仓库和生产工厂自动化的新时代。借着这阵东风，公司有望建立和运营全自动设施——在这些设施中，货架可以自行上货，机器人能够将库存从卡车转移到货架，从货架转移到传送带，至于拆包、分类、组装、包装、入库和运输等任务就更不用说了——全程无须人工干预。在高度工业化的地区、配送中心、电子商务仓库，以及几乎所有进行商品仓储、分拣、包装和运输的地方，这样的全自动设施特别有用。

有这样一种预测：到21世纪30年代中期，美国可能会有多达一半的机器操作工和装配工作面临风险。这种预测的可信度无关紧要[2]。实际情况最终会更接近10%还是80%，这也并不重要。我们所有人都需要开始思考如何适应自动化时代给我们的社会和经济带来的种种变化，思考我们可能会因此面临什么样的机遇和风险，并利用这些洞察帮助塑造属于我们所有人的未来。

我们都可以从中受益的自动化未来愿景

与其纠结自动化在接下来几十年中可能会带来的各种痛苦和摩擦，不如花点时间讨论一下通过智能自动化得到增强的理想未来实际上可能会是什么样子——这样做可能会有所帮助。我们之所以要进行这项练习，目的不是进行未来主义、乐观主义或幻想主义预测，而是为了更好地了解我们可能需要在哪些地方对自动化加以引导，以便最大限度地扬长避短。

我们的目标不是描绘一幅美好的未来图景，而是重新制定我们在做出何时、何地以及如何投资自动化的决定时，可能需要牢记的目标、结果和方向。毕竟，我们不会在没有蓝图或方案的情况下建造房屋。同样，关于自动化会在我们的日常生活中发挥怎样的作用，我们在心中构思出相应的蓝图和方案，可能也是一个不错的主意。如果我们今天更清晰地描绘一下这个愿景，可能会有助于我们在未来的道路上避免出现重大问题。

让我们从头说起。和人类有史以来发明的所有工具一样，智能自动化的目的不仅仅是为了提高效率和降低成本，也是为了增强人类能力。在每一个以向自动化过渡为标志的人类进步时代，自动化的最终目的都是帮助让那些在此之前一直从事技术含量较低且回报较低的工作的人，让这些工作者能够转而从事可以改善他们生活质量和收入潜力的职业。

自动化可以释放员工的潜能。

自动化可以释放员工的潜能。曾经手工打孔的工人转变为操作打孔机，而后打孔机操作工又过渡到监督自动打孔机，然后自动打孔机监督员又过渡到系统管理或自动化运营管理。因此，接连不断的每一轮自动化浪潮都旨在让人类工作者告别价值较低的职能，转而担任具有更高价值的职能。随着时间推移，同一名人类工作者得益于自动化对其能力的增强，可以腾出时间来从事更有价值的工作，从而增加自身的价值。

业务经理也是如此。对于所有经理或决策者来说，时间是最宝贵的资源之一。在随便某个工作日开始时，经理可能会有一份行动计划，以及一张囊括会议、电话会议、可交付成果、对各个运营环节的视察，以及研究、分析、报告等工作的时间表。到了上午 10 点左右，由于一次（或几次）意外出现的危机，这张时间表可能已经分崩离析了。现在，我们这位经理要用一整天的时间来收拾烂摊子和处理意外危机。

在这个例子中，关于经理在某一天是如何花费时间的，我们可以看到两个版本。一个是官方的"纸上"日程表——理论上讲，经理始终可以按部就班地顺利完成它；另一个是现实中的日程表，其中没有足够的时间来完成所有计划内和计划外的任务。事实情况是：任何企业的日常运营往往都会剥夺管理者最宝贵的资源——时间。在正确的地方以正确的方式注入自动化，会有助于解决这一问题。成功运用自动化解决了这个特定挑战中的难题之后，会发生什么呢？这位经理又能腾出时间来处理最重要的任务了。由此一来，这位经理对其所在组织的价值也会有所增加。

> **失业绝不应该等同于被取代。**

这告诉我们，通过增强人类的潜能，自动化可以发挥最大价值。"失业"只是"适应"的另一种说法。失业绝不应该等同于被取代。如果用机器取代人类工作者，而不给他们机会来担任通过自动化进行调整后与机器的任务相辅相成的新职能，那么这种短视的做法最终会弄巧成拙。用机器取代人力而不是增强人力，反映了对自动化真正潜力的根本性误解。仅靠削减成本并不能增强公司的实力，你迟早会走到无可削减的地步，然后呢？但是，如果公司能够在效率、创新、冒险精神、执行力以及外向型重点之间寻求适当的平衡，那么这样的公司与那些只专注削减成本以及其他做减法的内向型战略的公司相比，往往更能始终如一地适应变化和实现发展。

●●● 社会向大规模自动化转变的案例 ●●●

社会向大规模自动化的过渡可能会体现在各个方面。

决策者

可以利用人工智能、直观分析、认知计算、预测性算法和推荐引擎来做到以下方面：

- 识别威胁和机会。
- 量化它们。
- 模拟假设场景。
- 减轻风险。
- 最终改进和促进决策。

高级管理者

可以利用人工智能、大数据分析、机器人流程自动化和数字助理来做到以下方面：

- 帮助他们更好地管理时间。
- 对数据进行整理和分析，并结合上下文来理解它们。
- 实时监控业务部门绩效。
- 对未来的业务表现进行虚拟建模。
- 生成报告。
- 制作演示文稿。

- 帮助他们为会议做好准备。
- 管理预算和财务活动。
- 促进与同事的协作和协调。
- 助力达成目标并取得预期结果。

中层管理者和团队负责者

可以利用人工智能、数字助理、机器人、数据分析、智能自动化和直观的协作工具来做到以下方面：

- 简化协作。
- 自动完成项目管理安排和任务。
- 识别组织内的合格资源。
- 调整项目时间表。
- 根据需要为项目分配额外资源。
- 管理预算。
- 自动完成数据分析和报告。
- 监控绩效。
- 处理质量控制任务。
- 识别可能有待改进的领域以及可能存在风险的领域。
- 推荐理想的行动方案。
- 触发警报以引起对潜在问题的关注。
- 以游戏化方式管理团队绩效。

专业员工

可以利用人工智能、数字助理、机器人、任务管理工具和直观的协作工具来做到以下方面：

- 设计、构建自动化工作流程。
- 简化与同事的协作。
- 实现时间表和可交付成果状态的全天候同步。
- 及早识别潜在的瓶颈和问题领域，从而防患于未然。
- 自动执行质量控制任务。
- 创建自定义报告和仪表板。
- 自动完成技能提升和培训安排。
- 自动执行文档和可交付成果制作。
- 对原型和想法进行虚拟建模和测试。

工程师

可以利用人工智能、数字助理、机器人、虚拟化工具、机器人流程自动化、三维扫描工具和机器学习算法来做到以下方面：

- 进行设计、原型制作、测试，以及订购零部件、材料和成品，速度比以往任何时候都要快，并且成本也大大降低。

建筑师和土木工程师

可以利用虚拟化工具、物联网技术、大数据、云计算和边缘计算、机器学习、认知计算和人工智能来做到以下方面：

- 进行建筑物、基础设施、公用事业及其电网以及智能城市的规划、设计、建造、维护和升级。

工厂管理者

可以利用物联网技术、云计算和边缘计算、机器人流程自动化、机器学习、虚拟化工具和人工智能来做到以下方面：

●进行仓储、制造、装配和分配操作的规划、设计、构建、管理、优化和升级。

工厂维护者

可以利用物联网技术、云计算和边缘计算、机器人流程自动化、机器学习、虚拟化工具、增强现实和人工智能来做到以下方面：

●以共生方式与自动化系统一起工作。
●让自动化系统始终以最高效率运行。
●对当前出现故障或即将出现故障的系统进行故障诊断和修复。
●对自动化系统性能进行监督和监控。
●最大限度减少停机时间并提高产量。

教育工作者

可以利用虚拟现实、增强现实、物联网技术、智能自动化、机器学习和人工智能来做到以下方面：

●实现课程计划的自动化和定制化。
●创建交互式内容。
●创建和管理考试及小测验。
●分析每个学生的弱项和强项。
●确定每个学生可能有待改进的领域。
●生成根据每个学生的实际需要量身定制的家庭作业。
●为学生提供基于人工智能的辅导和额外的学习辅助。

- 应对个别学生在学习方面遇到的挑战。
- 为每一位学生提供单凭一名教师无法提供的充分关注和支持。

执法人员

可以利用物联网、大数据、云计算和边缘计算、深度学习、认知计算、机器学习、机器人流程自动化、人工智能和无人机来做到以下方面：

- 标记出暗示即将发生大规模枪击、重大犯罪或恐怖袭击的线上和线下集群行为。
- 标记出可疑的交易和转账。
- 识别人群中的通缉犯和嫌疑人。
- 在线上和线下跟踪通缉犯和嫌疑人的动向和活动。
- 识别和定位失踪及被拐人员。
- 根据需要向犯罪率较高的地区分配额外的资源。
- 充当固定通信和移动通信的自动化入口网络。
- 通知附近的响应人员可能有尚未报告的犯罪行为正在发生。
- 增强地面执法人员的实施能力。

白领（例如律师和会计师）

可以利用人工智能、机器学习、机器人流程自动化和数字助理来做到以下方面：

- 自动执行工作流程、计费、预约安排、质量控制、文件分析、复杂搜索查询、书面证词和实情调查任务。
- 管理归档文件和归档日程表。

●密切关注项目进程。

内科医生

可以利用人工智能、机器学习、物联网、虚拟现实、增强现实、数字助理、云计算和边缘计算、大数据、脱氧核糖核酸（DNA）分析和机器人流程自动化来做到以下方面：

●做出准确的诊断、推荐治疗方案、确定风险最低和风险最高的药物治疗方案、促进远程护理。

●为门诊治疗的日常管理提供便利。

●监测门诊患者的健康状况和康复进度。

●对假肢和其他医疗设备进行远程调整。

●确定潜在健康风险的遗传倾向和生活方式诱因。

●比过去更快地检测和识别健康问题。

外科医生

可以利用人工智能、机器学习、虚拟现实、增强现实、机器人技术来做到以下方面：

●提高手术生存率。

●最大限度减少手术造成的创伤和疤痕。

●缩短患者康复时间。

●改善结果。

●增强急救野战医院的能力。

护士、居家护理和临终关怀技术人员

可以利用机器人、人工智能、物联网技术、机器学习和智能自动化来做到以下方面：

- 管理更多患者。
- 扩大监测覆盖范围并增加陪伴患者的时间。
- 提升护理质量。
- 监测患者健康状况的突发变化和稳定变化。
- 轻松与患者进行远程沟通。
- 确保患者在正确时间以正确剂量服用正确的处方药。
- 跟踪和监测患者生命体征。
- 监测患者情绪和行为的变化。
- 更快地对突发卫生事件做出响应。
- 帮助患者过上更加自主、更有尊严的生活。

农民

可以利用物联网技术、机器人流程自动化、无人机、机器学习、云计算和边缘计算以及增强现实来做到以下方面：

- 更好地了解和预测天气模式。
- 监测土壤养分和水分含量。
- 优化作物规划、农田朝向、调度和资源管理。
- 自动完成支付、财务交易以及对所有知识产权许可的管理。
- 监控和跟踪牛所在的位置和健康状况。
- 对农药及除草剂的使用进行规划和管理。
- 实现农业机械自动化。

- 寻找季节性工人并对他们进行审查，然后聘用审查合格者。
- 密切关注市场波动。
- 提供财务规划建议。

信息技术人员

可以利用机器学习、云计算和边缘计算、认知计算、大数据、机器人流程自动化和人工智能来做到以下方面：

- 自动执行工作流程。
- 管理许可证组合。
- 启动补丁和升级。
- 推荐新的工具和解决方案。
- 识别问题领域和安全漏洞。
- 优化性能。
- 创建直观的仪表板和报告。
- 标记出可疑活动。
- 将黑客和入侵者拒之门外。
- 通过培训和最佳实践洞察为用户提供协助。
- 为广泛的人类用户快速构建新工具和新功能。

零售商

可以利用物联网技术、大数据、机器学习、人工智能、增强现实、三维立体打印和机器人流程自动化来做到以下方面：

- 为客户提供无缝的全渠道体验。
- 针对那些更喜欢直接购买商品而不爱逛店的客户，加快下单和交易流程。

- 能够在个人客户光临时快速识别他们，并在致以问候时提到他们的姓名。
- 将个人用户的偏好融入每次量身定制的客户互动中。
- 更好地了解客户的行为和品味。
- 提供卓越的体验。
- 优化库存规划和控制。
- 增强某个地点的产品定制能力。
- 用最有可能实现转化的适时优惠取代营销噪声和不合时宜的优惠。
- 消除交易和付款流程中的所有摩擦。
- 保护所有客户数据和交易的安全。
- 让人类工作者转而担任能够与客户建立良好关系并与其开展积极互动的职能。

客户服务人员

可以利用人工智能、机器学习、大数据和机器人流程自动化来做到以下方面：

- 缩短了解、处理和解决客户的投诉、问题以及求助所需的时间。
- 通过自动执行客户分类和常见问题回复测试、管理搜索查询、根据需要显示技术支持提示以及针对相关问题推荐可能的答案，为客户服务团队提供支持。

人力资源管理人员

可以利用机器学习、机器人流程自动化、人工智能、数字助理、机器人、大数据和认知计算来做到以下方面：

- 识别潜在员工并对他们进行审查和评估。
- 预测求职者是否适合特定的职位或团队环境。
- 确定员工的专业及专业相关技能组合的优势和劣势。
- 针对员工可能有待改进的领域，推荐额外的培训和辅导。
- 通过游戏化和其他激励措施来提供上述培训并激励员工积极

参与。

- 帮助指导、塑造和管理每一名员工的发展之路。
- 监控所有员工的绩效和进度。
- 识别可能面临风险的员工以及可能在考虑辞职的员工。
- 识别员工的价值。

专职司机

可以利用自动驾驶汽车技术、物联网技术、人工智能、大数据、云计算和边缘计算、机器人流程自动化、增强现实甚至无人机来做到以下方面：

- 优化路线规划。
- 最大限度降低发生交通事故和碰撞的风险。
- 加快"最后1米"路边取货流程。
- 通过无人机或自动驾驶车辆进行途中补给和补货。
- 让车上的工作者能够在运送途中休息和放松。

以上案例研究就好比我们在本章中撒下的一张大网，涵盖了非常广泛的内容。但是这项练习的目标之一是强调这样一个事实：你对人类工作者得到这些技术增强和协助的不同用例了解得越多，你就越能注意到它们看上去有多么相似。无论是白领还是蓝领、高薪还是低薪、技术职业还是非技术职业，我们刚才浏览的所有人机合作关系都如出一辙：自动化得到了正确运用，被用于协助人类工作者并增强他们的能力，让他们能够提高生产力和工作效率，从而为他们所在的组织和整个经济体创造更多价值。

不妨将上述通过自动化实现的人机合作模式与假设人类会被人工智能和机器人取代的模式进行比较。那会是什么样呢？首席执行官和决策者被决策人工智能取代？这样做有什么价值？同样是我们预见到的那些可以协助决策者正确地做出判断、承担风险以及押下赌注的工具，如果它们单打独斗，而不与有能力胜任相应职位的人类合作，它们的表现能否更胜一筹或是达到同样水准？为什么？因为虽然机器在计算工作方面表现出色，但是在判断力、上下文、创造力、抽象思维、细微差别、情商、勇气、抱负和远见能力方面，人类可以轻而易举地超越机器——在富有成效的决策、领导和进步中，所有这些方面都是不可或缺的重要组成部分。

管理职位也是如此。机器能否有效地安排项目时间表、编制预算和管理团队？理论上讲，答案是肯定的。但实际上，即便是最先进的人工智能也在判断力、情商、创造力、社交礼仪和文化素养方面有所欠缺，从而无法有效地激励员工并让他们感觉自己受到重视，也无法安全地穿越存在于每次人类互动中的人际关系雷区。此外，机器也仍然无法针对每一次危机给出随机应变的解决方案，而这件事正是每个担任管理职位的人都会头痛不已的难题。人工智能要想取代人类管理者，就必须克服这个关键障碍。

关于这个问题，我们可以一直讨论下去，不过结论始终都是一样的：人工智能可以协助人类并增强人类能力，但无法真正有效地取代人类，也不应该取代人类。人工智能可以成为了不起的专业助理，可以执行例行的重复性任务——甚至是非常复杂的任务——但是我们之所以能够实时解决问题，并且能够在做出决策和选择时正确理解相关上下文、意义和价值，都要归功于一系列人类特征和行为，而人工智能和智能自动化无法模仿这些特征和行为类型，并且在接下来几十年中不太可能弥补这一缺陷。在机器能够模仿甚至超越人类在判断力、创造力、抽象思维、文化意识、同情心、勇气、感情、热爱甚至激情等方面的能力之前，用机器取代人类的做法似乎不仅不明智，而且非常短视。在那之前，组织和个人应在合理范围内优先考虑尽可能多地投资旨在增强人类能力而非取代人类的自动化技术。

为了让自动化大规模地为社会所用，我们需要做些什么

为了引导自动化大规模地朝着增强人类能力的人机合作关系迈进，我们需要的也许是一套准则或指导原则，某种法律、制度和社会框架。

作为商业和科技分析师，我们经常参与关于政府的监管和立法机构应不应该在商业领域发挥作用的辩论，尤其是在那些颠覆性技术导致现行法律出现漏洞且无法处理这些漏洞的领域——而在受到这一影响的现行法律中，又以那些在前工业化时代和前数字化时代起草的法律为甚。事实情况是，在 18 世纪初，谁也无法预见工业革命即将到来。同样的事实情况还有，五六十年前，谁也无法预见到：智能手机、增强现实、物联网、社交平台、数字隐私、移动支付、数字货币、智能电网、网络攻击、远程医疗、手术机器人、计

算机视觉、智能摄像头、自主无人机等诸多技术不仅参与塑造了我们今天生活的世界，而且会推动未来世界的发展方向。

可悲的是，技术方面的成长之痛已经在考验我们的法律、隐私保护、公民权利、人身安全和经济安全的极限，而立法者（在较小程度上还有政府监管机构）却对此毫无准备。而且这些成长之痛非但现在看起来很糟糕，在未来几年中，问题的严重性和紧迫性还有可能以指数级速度加剧，尤其是在自动化不是主要用于增强人类工作者能力，而是用于取代大量人类工作者的情况下。

我们会考虑建立什么类型的"护栏"，将取决于我们希望避免什么样的问题，以及希望实现什么样的结果。反过来，根据我们可能认为合适（或者至少值得考虑）的"护栏"类型，我们可以了解到这方面的工作需要引入哪些机构和补救措施。

例如，如果我们共同得出的结论是，自动化起初可能会导致很多人失业，而这一问题会超出全球经济生态系统的处理能力，那么我们可能需要向监管和立法机构寻求补救措施。哪怕是规定公司中具体人机比例的临时性法律，可能也会有其必要性。而为了更有效地激励公司在大规模自动化浪潮中保持一定的人机比例，税收激励措施可能也会必不可少。

> 规定公司中具体人机比例的临时性法律可能会有其必要性。

原因很简单：如果自动化起初过度倾向于取代人类而不是增强人类能力，那么失业率可能会达到临界水平，很大一部分家庭可能会失去收入来源。麻省理工学院的达伦·阿西莫格鲁（Daron Acemonglu）和波士顿大学的帕斯夸尔·雷斯特雷波（Pascual Restrepo）于2018年发表的一篇论文指出：经济活动区域中每增加一台机器人，就有可能以多达六名人类工作者失业为代价[3]。由此一来，国家或地区可能会陷入经济放缓、内乱不息和政局不稳的状态。这个问题要靠政府来解决，而不能指望企业。

一些政治专家、经济学家和未来学家提出的一个解决方案，是建立某种全民基本收入计划，让每个公民都能收到政府发放的现金补助，用于支付房租和食物等基本必要开销。在一些比较小的国家或地区，这是有可能实现的。然而，对于像美国这样人口众多且幅员辽阔的国家来说，这种解决方案似乎不可能实现。此外，为此类计划寻找经费的难处还在于，高企的失业率也会剥夺美国联邦政府、州政府和市政府的宝贵税收。（如果有收入的纳税人减少，所得税收入就会受到影响，而经费来自纳税人的项目也会出现萎缩。）我们发现，如果税收收入下降，政府就不太可能增加用于帮助失业公民的支出——稍懂数学的人都知道，入不敷出是行不通的。

这个特定问题为我们提供了线索，让我们发现了一个可行的解决方案：税收。我们预计，如果联邦政府、州政府和市政府的税务人员认识到自动化正在剥夺用于充实财政的宝贵税收，那么补救措施自然会是制定新的税收计划来弥补不足。这种新型税收模式会顺理成章地将问题的根源自动化——视为一个显而易见的解决方案。然后，税务机关可能会认定，向机器人和自动化使用者征税是一种合理的做法，而相应的征税方式会和他们历来对人类征税的方式大同小异。不难想象，税务机关将能够根据如果被机器人或机器取代的职位仍由人类担任，相应的人类工作者可以拿到的时薪来设计税制结构。

因此，可能会得出这样一种解决方案：一方面，对自动化征税可以弥补税收的不足；另一方面，这样也许可以平衡人类与机器的成本会计等式，使得用机器取代人类工作者与用机器增强人类工作者的能力相比，从经济角度来看有失合理性。政府和企业可以利用这种机制来实现某种能让所有人受益的平衡，并且不会对企业及其投资者施加严厉的禁令或配额限制。

我们可能还会看到政府为公司提供激励措施，以鼓励公司促进人机合作以及在增强人类工作者能力方面进行投资，并抑制用机器取代人类的做法。

企业主在这方面也可以发挥关键作用，无论是否出于自愿。随着人类工作者被自动化取代，随后可能出现的失业问题，无论从哪个角度来看，企业主都是抵御这些问题的第一道防线。从财务或战略角度来看，解聘一名被机器取代的工作者真的有意义吗？或者，是否可以提出这样一个论点：如果留下这名工人并为其重新分配任务，从财务角度来看会不会更有意义？（没错，先进的分析工具有助于阐明其中的数学计算依据。）这名员工值不值得企业主花时间对他进行再培训？甚至，这个过程是不是也可以实现自动化？以上问题的答案很可能都是肯定的。

然而，这种技能重塑和任务再分配计划不一定要完全由企业主负担。政府在最大限度减少自动化造成的负面影响方面也存在着利害关系，特别是在这个问题会影响就业的情况下。在经济脆弱的地区尤其如此，因自动化而导致的高失业率可能会抑制当地经济。因此，政府可以承担技能重塑和任务再分配计划的部分财务负担，并与当地企业和区域产业合作，以减轻工作岗位流失的风险。它们可以共同创造并共同赞助教育机会、培训计划、就业安置服务，甚至为失业者和面临失业风险的工作者提供搬迁援助和激励措施。此类计划最重要的方面之一，是它们应该具有前瞻性和主动性。另外一个重要方面，是应该在州政府层面上而不是在联邦政府层面上进行管理。

推理过程如下：我们已经知道了哪些类型的职业最有可能被自动化取代。为什么要等到工作者失业之后才开始对他们进行再培训、帮助他们提升技能并尝试为他们重新分配任务？为什么要等到他们在适应变化方面选择余地更小，时间也更少的时候才开始？公司和政府现在就应该主动出击应对这一挑战，而工作者在准备迎接变革的过程中可以享有更大的选择余地和灵活性。从逻辑上讲，如果让工作者在有工作、有报酬的情况下为失业做好准备，其成本会低于对他们进行再培训并帮助他们负担生活费用的成本。

至少从历史上来看，员工再培训计划的部分问题在于：它们设计不当且管理不善。例如，美国劳工统计局的数据表明，在 20 世纪 90 年代中期席卷美国的自动化浪潮达到鼎盛阶段时，任职于员工人数多于 50 人的公司的普通工作者在 6 个月期间接受培训的时间少于 10.7 小时 [4]。

根据调查 [5]：

● 在 6 个月的基准周期内，拥有 50～99 名员工的企业为员工提供的正规培训平均时间（每名员工 6 小时）少于拥有 100～499 名员工的企业（每名员工 12.1 小时）或拥有 500 名以上员工的企业（每名员工 12 小时）。

● 在规模较小的企业中，员工参加的正规培训活动数量也最少。

● 提供正规培训时间最多的行业是交通运输、通信和公用事业；金融、保险和房地产；以及采矿（分别为每名员工 18 小时、17 小时和 14 小时）。

● 零售和建筑行业为每名员工提供的正规培训时间最少（分别为 4 小时和 5 小时）。

● 提供的计算机培训时间（每名员工 2.1 小时）比任何其他类

型的正规工作技能培训都要多。专业技术培训和建筑施工相关培训是频率第二高的正规培训类型，每名员工接受其中每一类培训的时间约为 1 小时。

应该指出的是，这些数据是在美国 1982 年出台的《职业培训合作法案》实施期间收集的。法案旨在专门通过扶持劳动力再培训来抵消自动化造成的失业，在 1984 年至 1998 年之间每年花费大约 30 亿美元[6]。然而，这个法案的实施并未让工作者得到充分培训。

我们可以从这个法案和其他类似计划的失败中吸取一些教训。第一，任何培训计划无论其范围、花费和最佳意图如何，都不是灵丹妙药。培训计划当然可以收到巨大成效，但如果它们所包含的再培训、技能重塑以及随后的搬迁援助无法满足新兴产业的需求，它们就无法实现预期的结果，至少无法大规模地实现。第二，美国联邦政府出台的计划出于各种各样的原因，可能会理论上看起来很不错，但落地后却不见成效。第三，虽然美国联邦政府经费应该用于扶持各行业、州政府和市政府提供的就业培训计划，但是在如何使用这些资金来解决问题这件事情上，最好把决定权留给由工作者、企业主和教育工作者组成的地方委员会，而不是留给政策制定者。不过，也许最重要的是，它们远远没有充分利用自动化。

《职业培训法案》在这方面倒也情有可原，因为在 20 世纪八九十年代，培训的自动化不像今天这么先进。然而，在后来美国政府出台的《劳动力创新与机会法案》《美国劳动力教育和技能培训改进法案》中，培训的自动化就算拥有一席之地，也远远没有得到或许应该属于它的大力推荐和强调。鉴于在帮助人类工作者为自动化导致的失业做好准备这方面，自动化和人工智能辅助的职业培训机构有着巨大的潜力（又是一件颇具讽刺意味的事情），我们认为问题本身或许恰好也揭示了问题的解决方案。如果自动化将在接下来几十年中取代一定比例的工作者，那么自动化也可以成为对他们进行再培训和任务再分配的解决方案。

也许有一种方法能让国家和州级立法机构对此类计划予以补贴，同时也能让企业主对可能最终会导致更高失业率的任何自动化投资决策负责，这种方法就是：每个超过一定规模的企业主每年都要拿出总金额达到一个固定值的资金，用于为所有员工的再培训提供部分经费；还要承诺提供资金用于对失业者进行适当的再培训，并且此类再培训的时间不能少于承诺的最少小时数。培训最终是在失业之前还是之后进行，或者两者兼而有之，与承诺本身无关。

最后，工会可能会在这个调整时期中发挥作用，特别是在工会能够对立法机构和监管机构施加重大影响的国家或地区。

以上解决方案并不能解决会对就业构成威胁的其他问题（如全球化），但是它们有助于我们开展讨论并找出可能值得探索的领域。无论采取哪种补救措施或是哪些不同补救措施的组合，我们都需要围绕在接下来几十年中，自动化及其错误运用（更确切地说，是不明智的运用）可能会给我们的经济健康、社会稳定以及追求进步的过程带来哪些风险，开展政策和监管方面的严肃讨论。如果不引导自动化朝着我们希望取得的结果迈进，那么谁也说不准我们最终会意外地走到什么地方。颇具讽刺意味的是，我们在本书中用了大部分篇幅来讨论、分析、预测建模以及人工智能驱动的推荐功能，恰恰就是可以帮助我们对未来几年进行规划的人类增强技术类型。同样，人机合作关系帮助人类解决严重问题的潜力也渗透了我们的讨论。我们不必再猜测这种事情了。我们拥有可用的工具，这些工具有助于我们在问题失控之前避免问题发生。

为什么我们不能对技术用途放任不管

每项技术要么被"老大哥"用例用于掠夺性用途，要么被"老母亲"和"老管家"用例应用于善意用途——了解这一点，就是一个良好的开端。如果能够将技术的善意用途与掠夺性用途区分开来，我们就可以开始将技术用例分为想要和不想要的技术用途。由此一来，我们可以就应该如何使用技术以及不应如何使用技术做出决定。这些决定可以让人知道我们对于以下问题的态度：合法的技术用途应该包括哪些、不应该包括哪些？我们应该允许哪些技术用途自由地迅速增长，又应该小心谨慎地对哪些技术用途加以监督和限制？

作为消息灵通的消费者、决策者和政策影响者，我们可能需要考虑对科技公司、技术实施者、监管者、立法者和政府机构有意识地持续施加压力，以便禁止或者至少严格限制"老大哥"技术用途。这类用途包括侵入性监视工具、侵犯隐私的工具，以及几乎任何带有恶意或掠夺性的技术用途。

这个问题并不抽象，也绝非微不足道。"老大哥"技术用途的激增已经是一个日益严重的问题，如果我们不共同解决这个问题，它就会继续存在下去。

> "老大哥"技术用途的激增已经是一个日益严重的问题。

我们必须认清一个现实：人机合作可能会遭到破坏，并被用于造成伤害。我们已经知道，人类黑客可以使用计算机和算法对关键基础设施目标和个人实施攻击。我们还知道，私人安保和数据分析公司可以利用数字技术对目标进行监视、骚扰、威胁和胁迫。对于这些技术用途以及其他类似的技术用途，我们需要开展相关讨论，需要更清楚地了解它们，还需要积极主动地采取监管措施。

一方面，这项练习的目标不是避免面部识别和其他窥探技术落入政府机构手中，而是忠实地根据公民权利精神以及在这些技术发明之前颁布的法律，对这些技术加以限制和监管。时至今日，对于许多电子监控技术的使用方式，法院仍然没有十分明确地提出具有指导作用的授权要求和正当理由要求。一些精巧的闭路电视网络配备了面部识别软件并连接到可搜索照片的庞大数据库，很容易地被怀有善意地用来自动寻找失踪人员，也同样很容易被用来自动跟踪、监控和监视数以万计的疑似持不同政见者。这两种用例之间的区别不在于技术本身，而在于对技术的使用方式具有指导作用的法律。因此，我们必须求助立法机构和法院，以帮助保护我们免受强大新技术（包括智能自动化）的"老大哥"用途影响。我们不能被动地盼望这个问题得到解决，而是必须带着前所未有的紧迫感，坚持不懈地为此努力。

同样，要求对那些以"老母亲"和"老管家"产品功能为幌子向消费者推销的监控技术进行更严格的监管，可能也是一个不错的主意。

例如，如果人类用户选择允许数字助理出于更好地理解和预测他们的需求这一明确目的（混合了"老母亲"和"老管家"意图），聆听他们的谈话和电话通话；跟踪他们的动作、习惯和购物交易；以及分析它所收集的关于他们的数据，那么也许应该不允许该工具背后的科技公司在用户没有明确选择加入的情况下，出于任何其他目的而收集这些数据以及获得这些数据的访问权限。该公司的工作人员或是与该公司合作的任何第三方不应获得这些数据的访问权限。未经用户同意，不得转售或共享这些数据。该公司或第三方但凡未经请求而使用其中部分数据或信息，都应该实时告知用户。此外，但凡发生用户数据遭到泄露或未授权访问的事件，也应立即通知用户。

以上讨论的隐私保护措施应该应用于谷歌、脸书和亚马逊等公司——它们在数亿乃至数十亿用户的数字体验和全渠道体验中正变得越来越根深蒂固。此外，这些隐私保护措施也同样应该应用于任何其他将其产品作为"老母亲"和"老管家"工具进行推销的科技公司。无论是谷歌还是微软、亚马逊还是苹果、脸书还是优步、三星还是通用电气、丰田还是博士公司（Bose）[①]，其仅限于"老母亲"和"老管家"用例的产品均不得在未经用户明确同意的情况下收集用户数据和侵犯用户隐私。如果单靠市场的力量不足以阻止科技公司及其实施者以不透明的方式将"老母亲"和"老管家"产品应用于"老大哥"用途，那么法院和立法者就必须介入。

作为消费者、选民和政策影响者，我们必须意识到并仔细考虑我们对"老母亲"和"老管家"技术产品的需求，尤其是在机器人流程自动化和人工智能解决方案方面。健康的人机合作生态系统要求我们支持这两种善意的意图，并抓住一切机会来保护自己免受掠夺性自动化形式的影响。

受到"老母亲"和"老管家"启发的未来人机合作

创新、发明和巧妙工程设计的最大价值始终体现在为人类服务时。即使发明往往是在利润驱使下问世的，私营企业和用户最初享受的好处也终将惠及全社会。得益于狩猎技术、畜牧业、农业、手

[①] 博士公司（Bose）由美国麻省理工学院教授阿马·戈帕尔·博斯（Amar Gopal Bose）创建于1964年，是美国最大的扬声器厂家，总部坐落于美国马萨诸塞州。该公司产品在汽车音响领域和航天领域有着出色的表现。——编者注

工艺、造船、土木工程、制冷、医学、导航、机器设计、生产、质量控制、计算能力、数据分析和自动化的改进，人类在进化之路上漂洋过海、征服多种传染病、飞上了万里长空、让机器人在外星着陆，并且为没有生命的物体灌输了聆听、理解和说话的能力。

一名人类工作者与专业机器合作，可以完成数百人的工作。这就是人机合作善意用例的力量和潜力，而且有一个道理值得我们牢记：人类只有专注改善自身状况，而不是与自身最大利益背道而驰，才能保持最佳状态。

> **我们必须帮助引导技术开发者和实施者追求**
> **"老管家"和"老母亲"工具。**

作为消费者、技术使用者、企业领导者、决策者、政策影响者和技术专家，我们必须帮助引导技术开发者和实施者追求"老管家"和"老母亲"工具——为人类提供服务和协助，增强、扩展和提升人类能力，并打开通往人类潜力新境界的大门。我们恰恰可以运用那些可能会取代数以百万计工作者的技术，来帮助这些工作者展开新的追求。更重要的是，我们有责任这么做。

如果我们带着旺盛的好奇心、非凡的创造力和解决问题的心态，来对待接下来几十年中的创新、技术实施和变革，那么对于自动化浪潮以及人工智能的迅速增长，我们就没什么好怕的。恰恰相反，人类文明的下一章将如何向后人讲述我们的事迹，这完全取决于我们做出的选择。凭借少许运气加上大量努力，我们有望让这一章远离创新管理不善、大规模失业和内乱纷扰，而成为人机合作新时代的第一章。

参考文献

第一章

1. IPUMS USA (2017) US Bureau of Labor Statistics, McKinsey Global Institute Analysis

2. IPUMS USA (2017) US Bureau of Labor Statistics, McKinsey Global Institute Analysis

3. Clarke, A C (1968) *2001: A Space Odyssey,* Hutchinson, London, UK

4. Lee, S, Heck, D, Lieber, L and Kirby, J (1969, 2008) *Ironman,* Marvel Studios

5. Larson, G A (1982) *Knight Rider,* NBC

6. United States Department of Labor (2019) Bureau of Labor Statistics, BLS.gov

7. Muro, M, Maxim, R and Whiton, J (2019) *Automation and Artificial Intelligence: How machines are affecting people and places*, Brookings

8. Hawksworth, J, Berriman, R and Saloni, G (2018) *Will Robots Really Steal Our Jobs? An international analysis of the potential long term impact of automation,* PricewaterhouseCoopers

9. Nedelkoska, L and Quintini, G (2018) *Automation, Skills and Training,* OECD

第二章

1. Liszewski, A (2016) Your lonely grandparents can now get a robot retriever to keep them company, 3 October, *Gizmodo*

2. Liszewski, A (2019) We need to talk about this robo-dog companion that Jim Henson's Creature Shop helped design, 18 March, *Gizmodo*

第三章

1. Newman, D and Blanchard, O (2018) *2018 Digital Transformation Index,* Futurum

第四章

1. Newman, D and Blanchard, O (2016) *Building Dragons: Digital transformation in the experience economy,* Broadsuite
2. Newman, D and Blanchard, O (2017) *Futureproof: 7 key pillars for digital transformation success,* Broadsuite
3. Jerde, S (2018) The Walt Disney Company will now use Google technology for its digital ads, 27 November, *Adweek*
4. Newman, D and Blanchard, O (2018) *Digital Transformation Index 2018,* Futurum Research
5. Newman, D and Blanchard, O (2018) *Digital Transformation Index 2018,* Futurum Research
6. Newman, D and Blanchard, O (2019) *5G Readiness and Transformation Index 2019,* Futurum Research
7. Fuze (2017) *Breaking Barriers 2020: How CIOs are shaping the future of work*
8. Newman, D and Blanchard, O (2016) *The Future of Work: Principles of workplace gamification,* Futurum Research
9. Gallup (2017) *State of the Global Workplace*
10. Paynter, B (2019) Poor scheduling costs hourly workers sleep and happiness, 15 February, *Fast Company*
11. Vincent, J (2018) Deep Mind's AI can detect over 50 eye diseases as accurately as a doctor, 13 August, *The Verge*
12. Zarley, B D (2019) Meet the scientists who are training AI to diagnose mental illness, 28 January, *The Verge*
13. Mulvaney, K (2018) *AI can help US unlock the world's most complex operating system: The human body,* 15 October, World Eco-

nomic Forum

14. Program Ace (2018) Virtual reality in healthcare: A new solution for rehabilitation? 28 February [blog]

15. Moses, L (2017) The *Washington Post*'s robot reporter has published 850 articles in the past year, 14 September, *Digiday*

16. Hornyak, T (2018) The world's first humanless warehouse is run only by robots and is a model for the future, 30 October, CNBC

17. Lawrence, E and Lareau, J (2019) Robot car factory to bring as many as 400 jobs to southeast Michigan, 22 January, Detroit Free Press

18. World Economic Forum (2018) *Future of Jobs Report 2018*

第五章

1. More, T (1516) *Libellus vere aureus, nec minus salutaris quam festivus, de optimo rei publicae statu deque nova insula Utopia,* Habsburg, Netherlands

2. Rose, D (2014) *Enchanted Objects: Design, human desire, and the internet of things,* Scribner, New York

第六章

1. *The Condition of Education: Children and youth with disabilities* (2018) National Center for Educational Statistics, April

2. Humphreys, D and Kelly, P (2014) *How Liberal Arts and Sciences Majors Fare in Employment: A report on earnings and long-term career paths,* American Association of Colleges and Universities (AAC&U) and the National Center for Higher Education Management Systems (NCHEMS)

第七章

1. Morris, D (2017) New French law bars work email after hours, 1

January, *Fortune*

2. Shearer, E and Gottfried, J (2017) *News use across social media platforms 2017,* Pew Research

3. Internet Live Stats (2019) 18 February, www.internetlivestats.com/google-search-statistics/

4. Roberts, J J (2017) Google's $2.7 Billion Fine: What it means and what happens next, 27 June, *Fortune*

5. Kenwright, S (2016) Location World 2016, 11 November [blog]

6. Rawes, E (2018) What is Google Duplex? The smartest chatbot ever, explained, 11 October, *Digital Trends*

7. *Global Status Report on Road Safety* (2018) World Health Organization

8. Dassault Systèmes' living heart project reaches next milestones in mission to improve patient care (2017) 18 October, *Market Insider*

第八章

1. Newman, D and Blanchard, O (2018) *Digital Transformation Index 2018*, Futurum Research

2. Quach, K (2018) Don't try and beat AI, merge with it says chess champ Garry Kasparov, 10 May, *The Register*

3. Markoff, J (2011) Computer wins of 'Jeopardy!': Trivial, it's not, 16 February, *The New York Times*

4. Metz, C (2015) Google's AI wins fifth and final game against Go genius Lee Sedol, 15 March, *Wired*

5. Kleeman, A (2016) Cooking with chef Watson, IBM's artificialintelligence app, 28 November, *The New Yorker*

6. Hammett, E (2018) How Lexus programmed a machine to write the world's first AI-scripted ad, 16 November, *Marketing Week*

7. Dastin, J (2019) Amazon scraps secret AI recruiting tool that showed bias against women, 9 October, Reuters

8. Amodei, D, Olah, C, Steinhardt, J, Christiano, P, Schulman, J and Mané, D (2017) *Concrete Problems in AI Safety,* Cornell University

第九章

1. Hawksworth, J, Berriman, R and Saloni, G (2018) *Will robots really steal our jobs? An international analysis of the potential long-term impact automation,* PricewaterhouseCoopers

2. Hawksworth, J, Berriman, R and Saloni, G (2018) *Will robots really steal our jobs? An international analysis of the potential long-term impact automation,* PricewaterhouseCoopers

3. Acemonglu, D and Restrepo, P (2018) *Robots and Jobs: Evidence from US labor markets,* 16 July

4. United States Department of Labor: Bureau of Labor Statistics (1996) *Economic News Release: 1995 survey of employer provided trainingemployer Results,* 10 July

5. United States Department of Labor: Bureau of Labor Statistics (1996) *Economic News Release: 1995 survey of employer provided trainingemployer results,* 10 July

6. Wandner, S (2012) *The Response of the US Public Workforce System to High Unemployment during the Great Recession,* September, Urban Institute